CB001445

STEVE JOBS

NAS SUAS PRÓPRIAS PALAVRAS

Título original:
I, Steve: Steve Jobs in his own words

Tradução:
Rita Mendes

Revisão:
Pedro Bernardo

Editor
Edições Almedina, S.A.
Rua Fernandes Tomás, nºs 76, 78, 80
3000-167 Coimbra
Tel 239 851 904 – Fax: 239 851 901
www.almedina.net – editora@almedina.net

Capa de FBA
Na capa: Foto de Justin Sullivan
© Getty Images

Pré-impressão, impressão e acabamento:
G.C. – Gráfica de Coimbra, Lda.
Palheira Assafarge, 3001-453 Coimbra
producao@graficadecoimbra.pt

Novembro, 2011

Depósito Legal nº 336479/11

BIBLIOTECA NACIONAL DE PORTUGAL – CATALOGAÇÃO NA PUBLICAÇÃO

BEAHM, George

Steve Jobs nas suas próprias palavras.
ISBN 978-972-40-4711-9

CDU 658
004

GEORGE BEAHM

STEVE JOBS

NAS SUAS PRÓPRIAS PALAVRAS

ALMEDINA

ÍNDICE

Este é para o Britton Edwards.

A Apple tem, no seu núcleo, um conjunto de talentos,
e estes talentos são: fazemos, quanto a mim,
design *de* hardware *muito bom; fazemos* design *industrial*
muito bom; e concebemos software *de sistemas e aplicações*
muito bons. E somos mesmo bons a embalar isto tudo junto
num produto. Somos as únicas pessoas na indústria
que ainda o fazem.

STEVE JOBS,
ENTREVISTADO POR JEFF GOODELL, «STEVE
JOBS: THE ROLLLING STONE INTERVIEW»,
ROLLING STONE **Nº 684**, 16 DE JUNHO DE 1994

INTRODUÇÃO

STEVE JOBS E «AQUELA COISA DE SER VISONÁRIO»

Estou sempre atento à próxima grande oportunidade, mas da forma que o mundo atualmente está, para que tal aconteça serão necessários recursos imensos, tanto em dinheiro como em talento de engenharia. Não sei qual será a próxima grande descoberta, mas tenho algumas ideias.

STEVE JOBS
sobre «a próxima grande descoberta»,
cnnmoney, 24 de janeiro de 2000

Desde 1976 que Steve Jobs sempre disse o que pensava, em toda a ocasião possível, para deleite dos seus defensores e consternação dos seus detratores: comunicados de imprensa, declarações nos *sites* da Apple, aparições em público para apresentar novos produtos da Apple e em entrevistas a meios de comunicação tradicionais e digitais.

Mas independentemente do que possamos pensar de Jobs, que por duas vezes cita no seu CV «aquela coisa da visão», há um facto incontestável que se destaca: ele deu-nos algumas das citações mais memoráveis sobre a natureza dos negócios nos nossos dias.

Steve Jobs ocupou um cargo único e invejável na comunidade empresarial. Entre muitas outras honras, foi eleito «CEO da década» pela revista *Fortune*, o «CEO com melhor desempenho» pela *Harvard Business Review* e «Pessoa da Década» pelo *Wall Street Journal*.

A 18 de agosto de 2011, saiu a notícia de que a única biografia autorizada de Steve Jobs, escrita por Walter Isaacson, curiosamente fora antecipada de março de 2012 para 21 de novembro de 2011, suscitando desde logo interrogações quanto à razão deste adiantamento. As grandes editoras pura e simplesmente não antecipam datas de publicação em quatro meses por capricho. Era óbvio que algo imprevisto acontecera.

Seis dias mais tarde, a 24 de agosto, a segunda notícia imprevista: Steve Jobs anunciou que renunciava ao cargo de CEO, pedindo ao conselho de administração da Apple que «executasse o seu plano de sucessão», que punha Timothy Cook ao leme.

A 5 de outubro, um dia depois de o novo CEO ter participado no seu primeiro evento mediático para apresentar o novo iPhone 4Gs, o conselho de administração da Apple comunicou que Steve Jobs, de 56 anos, morrera. A administração emitiu um comunicado: «A paixão, o brilhantismo e a energia de Steve foram a fonte de inúmeras inovações que enriqueceram e melhoraram as nossas vidas. O mundo está incomensuravelmente melhor por causa do Steve.»

CITAÇÕES

O ADN DA APPLE

A maioria de nós, de manhã, está em pulgas para ir trabalhar. Mas não é que a Apple se tenha transformado numa empresa de eletrónica de consumo de massas. O nosso ADN não mudou. É a eletrónica de consumo de massas que se está a tornar na Apple.

CNNMoney/Fortune, *21 de fevereiro de 2005*

A ALMA DA NOVA MÁQUINA

Se o *hardware* é o cérebro e o pilar dos nossos produtos, o *software* é a sua alma.

Discurso na Apple Worldwide Development Conference, 6-10 de junho de 2011

ANSIEDADE ANTES DA ESTREIA DO iPAD

Apesar de já os usarmos internamente há algum tempo e de termos vindo a trabalhar neles há uns anos, ainda sentimos uma impressão na barriga na semana anterior... na noite antes da apresentação... do lançamento... Até que ele chegue às mãos dos nossos clientes e eles nos digam o que acham, nunca se sabe. A reação que temos tido tem sido incrível. Achamos que isto é algo que vai mudar profundamente as regras do jogo. Achamos que, daqui a alguns anos, quando as pessoas olharem para trás, verão isto como um grande acontecimento nos aparelhos de computação pessoais. O que para mim foi fantástico foi o quão rapidamente as pessoas o perceberam. Tenho uns quantos milhares de *e-mails* de pessoas com quem nunca falei antes a dizerem-me apenas o quanto acham que este produto irá mudar as suas vidas e aquilo que fazem. As pessoas estão a perceber muito rapidamente.

Evento da Apple para o software *do iPhone 4.0, 8 de abril de 2010*

APLICAÇÕES DE PORNOGRAFIA NO ANDROID

Há uma loja de pornografia para o Android e a única coisa que tem são aplicações pornográficas para o seu telefone Android. Pode descarregá-las, os seus filhos podem descarregá-las e os amigos dos seus filhos podem descarregá-las para os seus telefones. E nós não queremos ir por aí.

Evento da Apple para o software *do iPhone 4.0, 8 de abril de 2010*

APRESENTAÇÃO DO MAC

Estamos em 1984. Parece que a IBM quer tudo. A Apple é vista como a única esperança de poder desafiar a IBM. Os revendedores que inicialmente acolheram a IBM de braços abertos receiam agora um mundo dominado e controlado pela IBM. Estão a virar-se cada vez mais para a Apple como a única força que lhes pode garantir a sua futura liberdade. A IBM quer tudo e aponta as suas armas ao último obstáculo ao seu controlo da indústria: a Apple. Será que o «Big Blue» irá dominar toda a indústria dos computadores? Toda a era da informação? Será que George Orwell tinha razão?

Evento especial para o Macintosh, janeiro de 1984

AQUISIÇÃO HOSTIL

Acerca de uma aquisição planeada por Larry Ellison, da Oracle, que poria de novo Jobs à frente da Apple: Decidi que não sou o tipo de pessoa para uma aquisição hostil. Se me tivessem pedido para voltar teria sido diferente.

Time, *5 de fevereiro de 2003*

ARRISCAR-SE A FALHAR

Bob Dylan é uma das minhas referências. Na minha juventude, decorei as letras de todas as suas músicas e via como ele nunca estava parado. Se olharmos para os artistas, os realmente bons, a dada altura ocorre-lhes a ideia de que podem fazer a mesma coisa para o resto das suas vidas e ser bem-sucedidos aos olhos do mundo, mas nunca aos seus. É nesse momento que um artista realmente decide quem é. Se continuam a arriscar falhar, ainda são artistas. Dylan e Picasso arriscavam constantemente o falhanço.

Comigo, isto da Apple é assim. Não quero falhar, claro. Ainda que não soubesse quão más as coisas estavam, tinha muito em que pensar antes de dizer *sim*. Tive de levar em conta as consequências para a Pixar, para a minha família, para a minha reputação. Decidi que não importava, porque era isto que queria fazer. Se desse o meu melhor e falhasse, bem, tinha dado o meu melhor.

CNNMoney/Fortune, *9 de novembro de 1998*

OS ATRATIVOS DOS PRODUTOS

Os produtos falam por si.

Playboy, *fevereiro de 1985*

AVALIAÇÃO DE PRIORIDADES

Sobre ter conhecido a sua mulher, Laurene: Eu estava no parque de estacionamento, com a chave na ignição, e pensei para comigo: se esta fosse a minha última noite na Terra, preferiria passá-la numa reunião de negócios ou com esta mulher? Corri pelo parque de estacionamento fora e perguntei-lhe se aceitava jantar comigo. Ela disse que sim, andámos até ao centro e temos estado juntos desde então.

New York Times Magazine, *12 de janeiro de 1997*

BRANDING

Se optarmos por fazer publicidade com base nas especificações e nos benefícios, na memória RAM e com gráficos e comparações, não temos hipótese. A única hipótese é comunicar com sentimento.

The Apple Way, *2006*

Quais as grandes marcas? *Levi's*, *Coke*, *Disney*, *Nike*. A maioria incluiria a *Apple* nessa categoria. Podíamos gastar milhões de dólares a construir uma marca, que não seria tão boa como a *Apple*. Contudo, a Apple não tem vindo a fazer nada com este ativo incrível. Afinal de contas, o que é a *Apple*? A *Apple* tem a ver com pessoas que pensam de forma inovadora, pessoas que querem usar computadores que os ajudem a mudar o mundo, que os ajudem a criar coisas que façam a diferença, não apenas fazer o trabalho.

Time, *18 de agosto de 1997*

CAMPANHA PUBLICITÁRIA «THINK DIFFERENT»

Bem, tenho de vos dizer: não fazemos ou deixamos de fazer porque fica bem. Tínhamos um problema, e esse problema era as pessoas terem-se esquecido dos valores da Apple. Na verdade, muitos dos nossos funcionários tinham-nos esquecido. Portanto, precisávamos de comunicar aquilo que defendemos. Mas, pensámos, como dizer a alguém o que somos, quem somos e a que damos importância? A melhor maneira que encontrámos foi dizer quem são os nossos heróis, pois quando sabemos quem são os heróis de alguém ficamos a saber muito sobre essa pessoa. Foi assim que surgiu a campanha «Think Different», que consiste em dizer quem admiramos e quem julgamos que são os heróis deste século. Algumas pessoas gostarão de nós, outras não.

Macworld Expo, 13 de março de 1999

CAPACIDADE DE RETER

Não é necessário tomar notas. Se for importante, lembramo-nos.

Inside Steve's Brain, *2009*

CHAMAR A ATENÇÃO

Só mais uma coisa...

Usada habitualmente quase no fim dos eventos da Apple

AS COMPLICAÇÕES DA VIDA

É uma loucura: todos temos vidas atarefadas, todos temos empregos, todos temos interesses e alguns de nós têm filhos. A vida de toda a gente está a ficar mais atarefada, e não menos, nesta sociedade atarefada. Pura e simplesmente não temos tempo para aprender estas coisas, e está tudo a ficar mais complicado... Não temos muito tempo para aprender a usar uma máquina de lavar ou um telefone.

The Independent, *29 de outubro de 2005*

COMPUTADORES

O problema é que, no *hardware*, já não se consegue construir um computador que seja duas vezes melhor do que o dos outros. Há demasiadas pessoas a saberem como se faz. Temos sorte se fizermos um que seja uma vez e um terço melhor ou uma vez e meia melhor. E isto só durante seis meses, até os outros nos apanharem.

Rolling Stone, *16 de junho de 1994*

COMPUTADORES COMO FERRAMENTAS

Para mim, o computador é a ferramenta mais extraordinária que já inventámos. É o equivalente de uma bicicleta para as nossas mentes.

Memory & Imagination, *1999*

COMPUTADORES PARA TODOS

As raízes da Apple eram construir computadores para pessoas, não para empresas. O mundo não precisa de outra Dell ou Compaq.

Time, *18 de outubro de 1999*

CONCORRÊNCIA

Depois de a administração da Apple se ter queixado dos seis funcionários que SJ levava com ele para fundar a NeXT: Não sabia que a Apple era minha dona. Julgo que não é. Eu sou o dono de mim mesmo. E, para mim, nunca mais poder exercer o meu ofício parece-me estranho. Não vamos levar qualquer tecnologia, quaisquer ideias que sejam propriedade da Apple. Estamos dispostos a pôr isso por escrito. Seja como for, é obrigatório por lei. Aliás, não há nada que diga que a Apple não pode concorrer connosco se acha que aquilo que estamos a fazer é uma grande ideia. É difícil conceber que uma empresa de dois mil milhões de dólares, com mais de 4300 pessoas, não consiga concorrer com seis pessoas de calças de ganga.

Newsweek, *30 de setembro de 1985*

CONSUMISMO

Acabo por não comprar muitas coisas porque as acho ridículas.

The Independent, *29 de outubro de 2005*

Passámos algum tempo na nossa família a discutir o compromisso que queríamos fazer. Acabámos por falar bastante de *design*, mas também dos valores da nossa família. Importava-nos mais lavar a nossa roupa numa hora em vez de numa hora e meia? Ou para nós era mais importante que as nossas roupas ficassem mesmo macias e durassem mais tempo? Importava-nos que usássemos apenas um quarto da água? Passámos duas semanas a falar sobre isto à mesa de jantar, todas as noites. Voltávamos sempre à velha discussão da máquina de lavar-máquina de secar. E a conversa era sobre *design*.

Wired, *fevereiro de 1996*

CONTRIBUTO

Foi uma das primeiras vezes em que comecei a pensar que talvez Thomas Edison tenha feito muito mais para melhorar o mundo do que Karl Marx e o [guru hindu] Neem Karoli Baba juntos.

Steve Jobs: The Brilliant Mind Behind Apple, *2009*

CONVERGÊNCIA

O lugar onde a Apple tem estado nas últimas duas décadas é exatamente para onde estão a convergir os mercados da eletrónica de consumo e da tecnologia informática. Por isso, não temos de atravessar o rio para ir a algum lado; a outra margem é que tem de vir até nós.

CNNMoney/Fortune, *21 de fevereiro de 2005*

O *CRASH* DO FLASH

Recentemente, a Symantec destacou o Flash por ter um dos piores desempenhos de segurança em 2009. Sabemos, por experiência própria, que a principal razão para os Macs bloquearem é o Flash. Temos vindo a trabalhar com a Adobe para resolver estes problemas, mas há alguns anos que eles persistem. Não queremos reduzir a fiabilidade dos nossos iPhones, iPods e iPads juntando-lhes o Flash... O Flash foi criado durante a era do PC – para PC e ratos. O Flash é um negócio de sucesso para a Adobe e percebemos que eles o queiram colocar em mais sítios do que nos PC. Mas a era da mobilidade tem a ver com aparelhos de fraca potência, *interfaces* tácteis e padrões da *web* em código aberto – tudo áreas em que o Flash é fraco.

Website da Apple, abril de 2010

CREDO

Não está feito até ser enviado.

Folklore.org, janeiro de 1983

A viagem é a recompensa.

Folklore.org, janeiro de 1983

A organização é escorreita e fácil de entender, e muito responsável. Ficou tudo mais simples. Esse tem sido um dos meus mantras – foco e simplicidade.

Bloomberg Businessweek, *12 de maio de 1998*

CRIAÇÃO DE PRODUTOS

Quando criamos coisas, fazemo-lo porque ouvimos os clientes, compreendemos o que nos dizem e ainda juntamos aquilo que gostaríamos de ver. Imaginamos novos produtos. Nunca sabemos à partida se as pessoas gostarão tanto deles como nós.

CNBC.com, *5 de setembro de 2007*

CRIAR NOVAS FERRAMENTAS

Fazemos ferramentas para pessoas. Ferramentas para criar, ferramentas para comunicar. Na era em que vivemos, estas ferramentas surpreendem-nos... É por isso que adoro o que fazemos. Porque fazemos estas ferramentas e somos constantemente surpreendidos com aquilo que as pessoas fazem com elas.

Conferência D5: All Things Digital, 2007

CRIATIVIDADE E TECNOLOGIA

Uma das coisas que aprendi na Pixar é que as indústrias tecnológicas e as indústrias de conteúdos não se entendem uma à outra. Em Silicon Valley e na maioria das empresas de tecnologia, juro que a maior parte das pessoas julga que o processo criativo é um grupo de tipos, na casa dos trinta, sentados num sofá a beber cerveja e a pensar em anedotas. A sério, é isso que pensam. Julgam que é assim que se faz televisão; que é assim que se fazem filmes. Em Hollywood e nas indústrias de conteúdos, as pessoas julgam que a tecnologia é algo que se compra passando um cheque. Não percebem o elemento de criatividade da tecnologia. São como barcos que se cruzam à noite.

CNN Tech, 10 de junho de 2011

O *CURRICULUM VITAE* DE STEVE JOBS

Objetivo: Estou à procura de algo para reconstruir, mas que tenha fundações sólidas. Estou disposto a deitar paredes abaixo, a construir pontes e a acender fogueiras. Tenho bastante experiência, muita energia, um pouco daquela «coisa de ser visionário» e não tenho medo de começar do zero. Competências: aquela «coisa de ser visionário», falar em público, motivar equipas e ajudar a criar produtos verdadeiramente incríveis.

Currículo de Steve Jobs, num anúncio colocado em on.me.com para promover o iTools, 2000

DAVID CONTRA GOLIAS

Acho curioso que a maior firma de computadores do mundo [IBM] não tenha conseguido sequer igualar o Apple II, feito numa garagem há seis anos.

InfoWorld, *8 de março de 1982*

DESAPARECIMENTO

A Apple tem ativos tremendos, mas creio que sem alguma atenção a empresa podia, podia, podia – falta-me a palavra certa – podia, podia morrer.

Time, *18 de agosto de 1997*

DESIGN

No vocabulário da maioria das pessoas, *design* significa verniz. É decoração de interiores. É o tecido das cortinas ou do sofá. Mas, para mim, nada podia estar mais longe do significado de *design*. O *design* é a alma fundamental de uma criação humana que acaba por se expressar em sucessivas camadas exteriores do produto ou do serviço.

CNNMoney/Fortune, *24 de janeiro de 2000*

Design é uma palavra engraçada. Algumas pessoas acham que o *design* é o aspeto que tem. Mas é claro que, se pensarmos bem, na verdade é como funciona. O *design* de um Mac não era o seu aspeto, embora isso também fizesse parte. Era, antes de mais, o modo como funcionava. Para projetar algo realmente bem, temos de o perceber. Temos de perceber muito bem para que é que serve. Perceber algo de modo minucioso, mastigá-lo, e não apenas engoli-lo, requer uma entrega apaixonada. Muita gente não se dá ao trabalho de o fazer.

Wired, *fevereiro de 1996*

Repare no *design* de um Mercedes, na proporção entre o detalhe vincado e as linhas fluidas. Com os anos, eles foram tornando o *design* mais suave mas os detalhes mais marcantes. É isso que temos de fazer com o Macintosh.

Odyssey: Pepsi to Apple, *1987*

DESIGN DE PRODUTO

Sobre o Aqua, a interface *do utilizador do OS X*: Os botões no ecrã estão tão bonitos que vão querer lambê-los.

CNNMoney/*Fortune*, 2000

DESIGN DE PRODUTOS DE CONSUMO

Re: o iPod – Repare no *design* de muitos produtos de consumo – são superfícies realmente complicadas. Tentámos fazer algo muito mais holístico e simples. Quando se começa a tentar resolver um problema, as primeiras soluções a que chegamos são muito complexas, e a maioria das pessoas fica-se por aí. Mas, se continuarmos e vivermos com o problema e retirarmos mais camadas à cebola, muitas vezes podemos chegar a soluções muito simples e elegantes. A maioria das pessoas simplesmente não investe o tempo e a energia para lá chegar. Nós acreditamos que os clientes são espertos e querem objetos que foram muito bem pensados.

Newsweek, *14 de outubro de 2006*

DESPEDIR FUNCIONÁRIOS

É penoso quanto temos algumas pessoas que não são as melhores do mundo e temos de nos ver livres delas; mas descobri que por vezes o meu trabalho tem sido precisamente isso – ver-me livre de algumas pessoas que não estavam à altura e tentei sempre fazê-lo de um modo humano. Todavia, tem de ser feito e nunca é divertido.

Histórias orais e de vídeo do Instituto Smithsonian, 20 de abril de 1995

A DIFERENÇA ESSENCIAL

O pessoal do Lisa queria fazer algo em grande. E o pessoal do Mac queria fazer algo delirantemente em grande. Nota-se a diferença.

Apple Confidential 2.0, *2004*

DINHEIRO

A inovação não tem nada a ver com quantos dólares se tem para I&D. Quando a Apple apareceu com o Mac, a IBM estava a gastar pelo menos 100 vezes mais em I&D. Não tem a ver com dinheiro. Tem a ver com as pessoas que temos, como se é gerido, e se as pessoas percebem do que se trata... Muito raramente descubro um produto ou um serviço importante na vida das pessoas em que não tenhamos pelo menos dois concorrentes. A Apple está lindamente posicionada para ser o segundo concorrente.

CNNMoney/Fortune, *9 de novembro de 1998*

Eu valia mais de um milhão de dólares quando tinha 23 anos, mais de 10 milhões de dólares quando tinha 24, mais de 100 milhões de dólares quanto tinha 25 e isso não era importante porque nunca fiz as coisas por dinheiro.

Triumph of the Nerds, *PBS, 1996*

DIZER MAL

Adam Osborne passava o tempo a criticar a Apple. Não se calava quanto ao Lisa e, quando o Lisa começou a ter saída, troçou do Mac. Eu tentava manter a calma e ser bem-educado, mas ele não parava de perguntar: «Que coisa é esse Mac de que se fala? É a sério?» Começou a enervar-me tanto que lhe disse: «Adam, é muito simpático que mesmo levando a tua empresa à falência queiras comprar um para os teus filhos.»

Apple Confidential 2.0, *2004*

EDUCAÇÃO AMPLA

Na altura, o Reed College tinha talvez o melhor ensino de caligrafia do país... Decidi inscrever-me num curso de caligrafia para aprender... Era belo, histórico, de uma subtileza artística que a ciência não consegue captar, e achei aquilo fascinante. Nada disto teria a menor esperança de aplicação prática na minha vida. Mas dez anos mais tarde, quando estávamos a projetar o primeiro computador Macintosh, recordei-me de tudo.

Discurso na cerimónia de licenciatura, Universidade de Stanford, 12 de junho de 2005

EMBALAGEM

Para mim, era evidente que por cada amador que queria montar o seu próprio computador, havia milhares de pessoas que não o podiam fazer mas queriam experimentar programação... como aconteceu comigo quando tinha 10 anos. O meu sonho para o Apple II era vender o primeiro computador numa embalagem.

Tinha a ideia fixa de que queria o computador num invólucro de plástico.

AppleDesign, 1997

ENTUSIASMO

Concebemos o iMac para que proporcionasse aquilo por que os consumidores mais se interessam – o entusiasmo da internet e a simplicidade do Mac. O iMac é o computador do próximo ano por $1299, não o computador do ano passado por $999.

Apple Confidential 2.0, *2004*

ERROS

Sobre não ter incluído o Flash nos produtos da Apple: Algumas coisas são boas num produto, algumas coisas são más. Se o mercado nos diz que estamos a tomar más decisões, faremos mudanças.

Conferência D8, 1 de junho de 2010

ESPECULAÇÃO SOBRE O SEU ESTADO DE SAÚDE

Como muitos de vós sabem, em 2008 tenho vindo a perder peso. O motivo continua a ser um mistério para mim e para os meus médicos. Há umas semanas, decidi que determinar a raiz do problema e resolvê-lo tinha de ser a minha prioridade nº 1. Felizmente, e após mais testes, os meus médicos acham que descobriram a causa – um desequilíbrio hormonal que me priva das proteínas de que o meu corpo necessita para ser saudável. Análises ao sangue mais complexas confirmaram este diagnóstico... Agora que já disse mais do que gostaria, isto é tudo o que direi sobre o assunto.

Website da Apple, janeiro de 2009

ESQUECER O PASSADO

Quando regressei, em 1997, andava à procura de mais espaço e dei com um arquivo cheio de Macs velhos e outras coisas. Mandei tudo para Stanford. Neste negócio, se olharmos para trás, somos cilindrados. É preciso olhar em frente.

Wired, *22 de dezembro de 2008*

ESTRATÉGIA

Depois de sair da Apple: Sabe, eu tenho um plano que pode salvar a Apple. Não posso dizer mais nada além de que é o produto perfeito e a estratégia perfeita para a Apple. Mas ninguém ali me dá ouvidos.

*CNNMoney/*Fortune, *18 de setembro de 1995*

EXCELÊNCIA

As pessoas julgam-nos pelo nosso desempenho, por isso concentrem-se no resultado. Sejam um padrão de qualidade. Há pessoas que não estão habituadas a um ambiente em que se espera a excelência.

Steve Jobs: The Journey is the Reward, *1987*

A EXISTÊNCIA DA APPLE

E se a Apple não existisse? Pensem nisso. Na próxima semana, a *Time* não seria publicada. Cerca de 70% dos jornais nos EUA não seriam publicados amanhã de manhã.

Cerca de 60% dos miúdos não teriam computadores; 64% dos professores não teriam computadores. Mais de metade dos *sites* criados num Mac não existiriam. Por isso, há aqui algo que vale a pena salvar, percebem?

Time, *18 de agosto de 1997*

EXPERIÊNCIA DO UTILIZADOR

Na Apple, abordamos tudo perguntando: «Quão fácil será isto para o utilizador? Quão fantástico vai ser para ele?» Depois disso, é como na Pixar. Toda a gente em Hollywood diz que o truque para bons desenhos animados é história, história, história. Mas, na hora da verdade, quando a história não está a funcionar ninguém para a produção e gasta mais dinheiros a torná-la melhor. É o que vejo acontecer nas empresas de *software*. Todos dizem «Oh, o utilizador é o mais importante», mas nunca ninguém segue isso realmente.

CNNMoney/Fortune, *21 de fevereiro de 2005*

EXPERIÊNCIA DO UTILIZADOR, DETER A

Somos a única empresa que possui toda a panóplia – o *hardware*, o *software* e o sistema operativo. Podemos assumir plena responsabilidade pela experiência do utilizador. Podemos fazer coisas que os outros não podem.

Time, *14 de janeiro de 2002*

EXPERIÊNCIAS DE VIDA DIVERSIFICADAS, A IMPORTÂNCIA DE TER

Muita gente na nossa indústria não passou por experiências diversas. Assim, não têm suficientes pontos para ligar e acabam por chegar a soluções muito lineares, sem uma perspetiva mais lata do problema. Quanto mais amplo o nosso entendimento da experiência humana, melhor *design* teremos.

Wired, *fevereiro de 1996*

A FALTA DE INOVAÇÃO DA MICROSOFT

O único problema da Microsoft é não ter bom gosto. E não digo isto num sentido restrito. Digo-o no sentido mais amplo, na medida em que não lhes ocorrem ideias originais e não trazem muita cultura para os seus produtos. Não me incomoda o sucesso que têm – mereceram-no, em grande parte. Incomoda-me é o facto de eles fazerem produtos de terceira categoria.

Triumph of the Nerds, *PBS, junho de 1996*

O que não me parece bom é não acreditar que a Microsoft se tenha transformado num agente para melhorar as coisas, num agente que descubra a próxima revolução. Os Japoneses, por exemplo, costumavam ser acusados de apenas copiarem – e de facto, a princípio, era só isso que faziam. Mas tornaram-se mais sofisticados e começaram a inovar – veja os carros, não há dúvida de que aí inovaram bastante. Não posso dizer o mesmo da Microsoft.

Rolling Stone, *17 de janeiro de 2011*

FAZER BEM AS COISAS

Sobre ter redesenhado a disposição das lojas da Apple por «zonas de solução» depois de os funcionários, ao princípio, terem protestado, «Tem noção do que está a dizer? Sabe que temos de recomeçar do zero?»: Demorámos, sei lá, seis, nove meses. Mas foi, de longe, a decisão correta.

CNNMoney/Fortune, *8 de março de 2007*

FAZER DECLARAÇÕES OUSADAS

Percebo o encanto de algo que se revela aos poucos, mas, pessoalmente, sou um tipo mais dado à explosão.

Faculdade de Gestão de Harvard, Working Knowledge for Business Leaders, *16 de junho de 2003*

FIABILIDADE

Simplesmente funciona.

Expressão usada com frequência nos eventos da Apple

FOCAR-SE NO PRODUTO

Em resposta à pergunta, «O que podemos aprender com o esforço de inovação da Apple durante a década que antecedeu o seu regresso em 1997?» Precisamos de ter uma cultura muito orientada para o produto, mesmo numa empresa tecnológica. Há muitas empresas que têm um batalhão de engenheiros e gente inteligente. Mas, em última análise, tem de haver alguma força de gravitação que agregue tudo. De outra forma, podemos ter excelente tecnologia a flutuar pelo universo. Mas não serve de muito.

Bloomberg Businessweek, *12 de outubro de 2004*

É claro que aquilo que fazemos tem de fazer sentido em termos comerciais, mas isso nunca é o ponto de partida. Começamos pelo produto e pela experiência do utilizador.

Time, *1 de abril de 2010*

FOCO

As pessoas julgam que foco é dizer *sim* àquilo em que temos de nos focar. Mas não é isso que significa, de todo. Significa dizer *não* às centenas de outras boas ideias que existem. Temos de escolher muito cuidadosamente. Na verdade, estou tão orgulhoso das coisas que não fizemos como das coisas que fiz. Inovação é dizer *não* a 1000 coisas.

Discurso na Apple Worldwide Development Conference, 13-16 de maio de 1997

FOCO DA EMPRESA

Não fazemos estudos de mercado. Não contratamos consultores... Só queremos fazer grandes produtos.

CNNMoney/Fortune, *fevereiro de 2008*

FORÇAR AS COISAS

O que aconteceu foi que os *designers* tiveram uma grande ideia. Levam-na aos engenheiros e estes dizem logo: «Não, não conseguimos fazer isso. É impossível.» E as coisas ficam piores. Depois, levam a ideia ao pessoal do fabrico, e estes dizem logo: «Não podemos construir isso!» E as coisas ficam piores... Bem dito e bem feito, quando levámos a ideia aos engenheiros, disseram: «Oh.» E apresentaram 38 razões. E eu disse: «Não, não, nós vamos fazer isto.» E eles perguntaram: «Ora, porquê?» E eu respondi: «Porque sou o CEO e acho que pode ser feito.» E assim, algo contrafeitos, fizeram-no. Mas depois foi um enorme sucesso.

Time, *16 de outubro de 2005*

GRANDE *DESIGN* DE PRODUTO

Acabámos por escolher estes eletrodomésticos da Miele, feitos na Alemanha... Este pessoal pensou mesmo em tudo. Quando projetaram estas máquinas de lavar e de secar, fizeram um trabalho fantástico. Fico mais empolgado com elas do que com qualquer outro produto de alta tecnologia que vi nos últimos anos.

Wired, *fevereiro 1996*

GRANDES IDEIAS

Em última análise, resume-se ao gosto. Resume-se a tentarmos expor-nos às melhores coisas que os seres humanos fizeram e a tentar trazer essas coisas para aquilo que estamos a fazer. Picasso tinha uma frase: os bons artistas copiam, os grandes artistas roubam. E nós nunca tivemos qualquer pudor em roubar grandes ideias, e julgo que parte do que tornou o Macintosh grandioso foi que as pessoas que trabalharam nele eram músicos e poetas e artistas e zoólogos e historiadores, que por acaso eram os melhores cientistas informáticos do mundo.

Triumph of the Nerds, *PBS, junho de 1996*

GRANDES PRODUTOS

Na realidade, fazer um produto delirantemente bom tem muito a ver com o processo de o fazer, de como aprendemos coisas novas e adotamos ideias novas e descartamos ideias velhas.

Playboy, *fevereiro 1985*

Sabe, a minha filosofia é, tem sido sempre, muito simples. E tem as suas falhas, de que já falarei. A minha filosofia é que tudo começa com um grande produto. Por isso, é óbvio que eu acreditava em ouvir os clientes, mas os clientes não nos podem dizer qual será a grande descoberta que irá acontecer no próximo ano e revolucionar toda a indústria. Por isso, temos de ouvir com muita atenção. Mas depois temos de nos ir embora e ficar como que encalhados – temos de nos recolher com gente que percebe realmente de tecnologia, mas que também se preocupa com os clientes. E essa é a minha perspetiva, que tudo começa com um grande produto. E isso tem as suas falhas. Já me acusaram de não ouvir suficientemente os clientes. E creio que, provavelmente, parte disso tem fundamento.

Newsweek, *29 de setembro de 1985*

IBM

Bem-vinda, IBM. A sério... E parabéns pelo vosso primeiro computador pessoal. Pôr o verdadeiro poder do computador nas mãos dos indivíduos já está a melhorar a forma como as pessoas trabalham, pensam, aprendem, comunicam e passam as suas horas de lazer. A literacia informática está tornar-se uma competência tão fundamental como ler ou escrever.

Anúncio da Apple no Wall Street Journal, *24 de agosto de 1981*

A IBM quer erradicar-nos da face da Terra.

Fortune, *20 de fevereiro de 1984*

iCEO

Algumas pessoas preocupam-se com a palavra «interino», mas não se preocuparam com o último CEO, e ele não era interino.

Apple Confidential 2.0, *2004*

IMAGINAR PRODUTOS

Não se trata de cultura *pop*, nem enganar as pessoas ou convencê-las de que querem algo que realmente não querem. Pensamos naquilo que nós queremos. E julgo que temos disciplina suficiente para analisar se há outras pessoas a quererem o mesmo. É para isso que nos pagam. Porque não se pode andar por aí a perguntar às pessoas o que acham que vai ser o próximo sucesso. Há uma grande citação de Henry Ford: «Se tivesse perguntado aos meus clientes o que queriam, ter-me-iam respondido "um cavalo mais rápido".»

CNNMoney/Fortune, *fevereiro de 2008*

IMPACTO, NUM DISCURSO AOS FUNCIONÁRIOS

Temos uma grande oportunidade para influenciar o rumo da Apple. A cada dia que passa, o trabalho que aqui fazem 50 pessoas irá ter um efeito de propagação gigantesco por todo o universo. Estou verdadeiramente impressionado com a qualidade da nossa onda de propagação. Sei que posso ser de trato algo difícil, mas nunca me diverti tanto na minha vida. Estou a adorar.

Return to Little Kingdom, *2009*

A IMPORTÂNCIA DA HISTÓRIA

Fomos pioneiros em tudo o que respeita a animação computorizada, mas o John [Lasseter] disse certa vez uma coisa que me acompanha desde então: «Não há tecnologia que chegue para tornar boa uma história má.» ... Essa dedicação à qualidade está enraizada na cultura desde estúdio.

To Infinity and Beyond!, *2007*

INOVAÇÃO

Muitas empresas decidiram reduzir a sua dimensão, e talvez isso tenha sido a melhor coisa para elas. Nós escolhemos um caminho diferente. Cremos que, se continuarmos a pôr grandes produtos à frente dos clientes, eles continuarão a abrir a carteira.

Success, *junho de 2010*

A inovação distingue o líder do seguidor.

The Innovation Secrets of Steve Jobs, *2011*

Sobre a Microsoft: Conseguiram copiar o Mac porque o Mac estava parado no tempo. O Mac não mudou muito nos últimos 10 anos. Mudou talvez 10%. Era um alvo fácil. É espantoso que a Microsoft tenha demorado 10 anos para copiar algo que era um alvo fácil. Infelizmente, a Apple não merece muita compreensão. Investiram milhões e milhões de dólares em I&D, mas isto pouco sumo deu. Desde o Mac original, não produziram quase nada de inovador.

Por isso, agora, os genes originais do Macintosh povoaram a Terra. Noventa por cento na forma de Windows, mas, ainda assim, há dezenas de milhões de computadores que funcionam assim. E isso é fantástico. A questão é, o que se segue? E o que vai manter esta revolução do PC em movimento?

Rolling Stone, *17 de janeiro de 2011*

As pessoas que vão ver os nossos filmes estão a confiar-nos algo muito importante – o seu tempo e a sua imaginação. Por isso, para respeitarmos essa confiança, temos de continuar a mudar; temos de nos desafiar e tentar surpreender os nossos públicos com algo sempre novo.

To Infinity and Beyond!, *2007*

AS INOVAÇÕES DO CIPA

[O Centro de Investigação de Palo Alto da Xerox] não o tinha percebido muito bem, mas tinha o gérmen da ideia para as três coisas. E as três coisas eram: *interface* gráfica do utilizador, computação orientada por objetos e trabalho em rede.

Histórias orais e de vídeo do Instituto Smithsonian, 20 de abril de 1995

INOVAÇÃO NOS PRODUTOS

Aquilo que a Apple sempre defendeu foi a inovação nos produtos. A Apple forjou esta indústria com o Apple II e penso que o Mac trouxe a inovação à conta da qual grande parte da indústria tem vivido nos últimos dez anos. Já está na altura de alguém se lembrar de alguma inovação para empurrar a indústria para a frente, e quem melhor para o fazer senão a Apple?

CNN.com, 23 de abril de 2004

INSIGHT

Julgo que a mestria do artista é ter uma visão singular daquilo que tem em seu redor. Juntar coisas de um modo que nunca ninguém antes fizera e descobrir uma forma de o expressar a outros que não têm essa visão singular.

Histórias orais e de vídeo do Instituto Smithsonian, 20 de abril de 1995

Tínhamos experiência em *hardware*, competência em *design* industrial e competência em *software*, incluindo o iTunes. Uma das maiores ideias que tivemos foi decidir não tentar gerir a biblioteca de música no iPod, mas sim no iTunes. Houve empresas que tentaram fazer tudo no próprio aparelho e tornaram-no tão complicado que se tornou inútil.

Newsweek, *16 de outubro de 2006*

INSPIRAÇÃO

Tal como já salientou, contribuí com mais computadores para escolas do que qualquer outra pessoa no mundo, e estou absolutamente convencido de que isso não é, de todo, a coisa mais importante. A coisa mais importante é a *pessoa*. A pessoa que nos estimula e alimenta a curiosidade; e as máquinas não podem fazer isso da mesma forma que as pessoas.

Histórias orais e de vídeo do Instituto Smithsonian, 20 de abril de 1995

INTEGRAÇÃO

A Apple é a única empresa na indústria que ainda desenha toda a engenhoca. *Hardware*, *software*, relações entre programadores, *marketing*. Acontece que isto é, na minha opinião, a grande vantagem estratégica da Apple. Não tínhamos um plano e por isso parecia tremendamente difícil. Mas, com um plano, é o cerne da vantagem estratégica da Apple; isto se acreditarmos que ainda há espaço nesta indústria para se inovar, o que julgo ser o caso, porque a Apple pode inovar mais depressa que qualquer outro.

Time, *10 de outubro de 1999*

INTEGRAÇÃO DOS PRODUTOS

As coisas de que mais me orgulho na Apple são [*sic*] a conjugação do lado técnico e do lado humanístico, como aconteceu na edição. A arte tipográfica uniu-se ao conhecimento técnico e à excelência para o pôr em prática eletronicamente, permitindo às pessoas usar o computador sem terem de dominar comandos informáticos obscuros. A combinação destas duas coisas é aquilo de que mais me orgulho.

Histórias orais e de vídeo do Instituto Smithsonian, 20 de abril de 1995

A Apple tem, no seu núcleo, um conjunto de talentos, e estes talentos são: fazemos, quanto a mim, *design* de *hardware* muito bom; fazemos *design* industrial muito bom; e concebemos *software* de sistemas e aplicações muito bons. E somos mesmo bons a embalar isto tudo junto num produto. Somos as únicas pessoas na indústria que ainda o fazem.

Roling Stone, *16 de junho de 1996*

A Apple é a empresa de tecnologia mais criativa do meio – tal como a Pixar é a empresa criativa tecnologicamente mais competente... Além do mais, quase todos os músicos usam Macs e têm iPods, e agora a maioria das pessoas da indústria musical também tem iPods. A comunidade dos profissionais da música acredita que a Apple fará bem as coisas – que não irá por atalhos – e que se importa com o processo criativo e com a música em si. Além disso, a nossa solução engloba *software* de sistema operativo, *software* de servidor, *software* de aplicativos e *hardware*. A Apple é única empresa no mundo que tem tudo isso conjugado. Somos capazes de idealizar uma solução completa que resulte – e assumirmos a responsabilidade por ela.

Bloomberg Businessweek, *2 de fevereiro de 2004*

Uma empresa faz o *software*. A outra faz o *hardware*... Não funciona. A inovação não se processa com velocidade suficiente. A integração não é suficientemente discreta. Ninguém assume a responsabilidade pela *interface* do utilizador. É uma confusão.

Time, *16 de outubro de 2005*

INTERFACE GRÁFICA DO CIPA

O Alto [Centro de Investigação de Palo Alto] tem a primeira *interface* gráfica de utilizador do mundo. Tinha janelas. Tinha um sistema tosco de menus. Tinha uns painéis toscos e coisas do género. Não funcionava muito bem, mas basicamente estava lá tudo... Fiquei tão deslumbrado com o potencial do esboço de *interface* gráfica do utilizador que vi que nem sequer assimilei ou lá fiquei para investigar melhor os outros dois.

Histórias orais e de vídeo do Instituto Smithsonian, 20 de abril de 1995

O iPAD E A MUDANÇA INEVITÁVEL

Esta transformação irá deixar algumas pessoas pouco à vontade – gente do mundo do PC, como você e eu. Vai deixar-nos pouco à vontade porque o PC percorreu um longo caminho – é brilhante. Gostamos de falar da era pós-PC, mas quando ela realmente começa a acontecer creio que é desconcertante para muita gente.

Conferência D8, 1-3 de junho de 2010

O iPAD INSPIRA O iPHONE

Na verdade, comecei a pensar primeiro no *tablet*. Tive a ideia de nos vermos livres do teclado, e escrever num monitor de vidro multitáctil. E perguntei ao nosso pessoal se podíamos conceber um monitor multitáctil onde eu pudesse pôr os dedos e escrever. Cerca de seis meses mais tarde, chamaram-me e mostraram-me este protótipo do monitor. E era espantoso. Isto no início de 2000. Dei-o a um dos nossos UI [utilizadores de *interface*], gente também brilhante, e umas semanas mais tarde ele chamou-me e já tinha *scrolling* por inércia e outras coisas. Pensei, meu Deus, com isto podíamos construir um telefone. E pus o projeto do *tablet* na prateleira, porque o telefone era mais importante. Andámos nisto os anos seguintes e fizemos o iPhone.

Conferência D8, 1 de junho de 2010

iPHONE

O iPhone está cinco anos à frente de tudo o que os outros têm. Se não fizéssemos mais nada, estávamos garantidos nos próximos cinco anos.

Newsweek, *9 de janeiro de 2007*

iPOD NANO

Estamos em território desconhecido. Nunca vendemos tanto de um produto.

Discurso na Apple, 12 de setembro de 2006

iPOD TOUCH

Originalmente, não tínhamos bem a certeza de como vender o Touch. Era um iPhone sem telefone? Era um computador de bolso? O que aconteceu, o que os clientes nos disseram, foi que eles começaram a vê-lo como um aparelho para jogos. Começámos a apresentá-lo dessa forma e as vendas dispararam. E agora vemos que ele é a forma mais económica de chegar à App Store e isso é a grande atração. Por isso, estamos focados apenas em baixar-lhe o preço para $199. Não precisamos de lhe juntar mais coisas. Precisamos de baixar o preço para que todos possam comprá-lo.

New York Times, *9 de setembro de 2009*

iTUNES

O Napster e o Kazaa mostraram, sem dúvida, que a internet foi feita na perfeição para descarregar música. O problema é que são ilegais. E os serviços que apareceram e eram legais eram bastante fraquinhos em termos dos direitos que ofereciam e quase nos tratavam como um criminoso. Não se pode gravar um CD, não se pode pôr a música num leitor de Mp3. Por isso, a nossa ideia era descobrir um serviço de música que não se tivesse de subscrever. Pode-se simplesmente comprar música a 99 cêntimos por canção e ter boa qualidade digital – e legitimidade para a usar. Pode-se gravar os CD que se quiser, pode-se pô-la no iPod, pode-se usá-la noutras aplicações, pode-se tê-la em vários computadores.

Discurso na Apple, 12 de setembro de 2006

LEALDADE DO CLIENTE

Perguntam-me muitas vezes porque é que os clientes da Apple são tão leais. Não é porque pertencem à Igreja de Mac! Isso é ridículo.

É porque quando compram os nossos produtos e três meses depois ficam encalhados com alguma coisa rapidamente percebem [como resolvê-la]. E pensam: «Ena, alguém na Apple pensou mesmo nisto!»... Quase não há produto no mundo com que se tenha esta experiência, mas com um Mac é assim. E é assim com um iPod.

Bloomberg Businessweek, *12 de outubro de 2004*

O LEGADO DE STEVE JOBS NA APPLE

Se a Apple se tornar num sítio onde os computadores são um bem económico, onde a paixão desapareceu e onde as pessoas se esquecerem que os computadores são a coisa mais espantosa que o homem já inventou, terei a sensação de ter perdido a Apple. Mas se estiver nos antípodas disto, e se toda esta gente ainda sentir estas coisas... então terei a sensação de que os meus genes ainda aqui estão.

Newsweek, *29 de setembro de 1985*

LEGADO DO MAC

Você viu o anúncio de 1984. Basicamente, o Macintosh era uma empresa relativamente pequena em Cupertino, na Califórnia, a enfrentar o Golias, a IBM, e a dizer: «Espera lá, o vosso caminho está errado. Não é por aí que queremos que os computadores vão. Não é este o legado que queremos deixar. Não é isto que queremos que os nossos filhos aprendam. Isto é errado e nós vamos mostrar-vos a forma correta de fazer as coisas e ela aqui está. Chama-se Macintosh e é muito melhor.»

Histórias orais e de vídeo do Instituto Smithsonian,
20 de abril de 1995

LEITORES DE *E-BOOK*

Tenho a certeza de que haverá sempre aparelhos específicos e estes podem ter algumas vantagens pelo facto de fazerem apenas uma coisa. Mas julgo que os aparelhos multifunções acabarão por prevalecer. Porque as pessoas se calhar não estão dispostas a pagar por um aparelho com uma só função.

New York Times, *9 de setembro de 2009*

LEVAR UM MURRO NO ESTÔMAGO

Sinto-me como se alguém tivesse acabado de me dar um murro no estômago, deixando-me sem fôlego. Só tenho 30 anos e quero poder continuar a criar coisas. Sei que tenho em mim pelo menos mais um grande computador. E a Apple não me dá essa oportunidade.

Playboy, *fevereiro de 1985*

LINHAS DE PRODUTOS CONFUSAS

Quando aqui cheguei, o que descobri foram mil e um produtos. Uma coisa espantosa. E comecei a perguntar às pessoas porque é que eu iria recomendar um 3400 em vez de um 4400? Quando é que alguém deveria passar para um 6500, mas não para um 7300? E ao fim de três semanas ainda não tinha percebido. Se eu não tinha percebido... como é que os clientes iriam perceber?

Discurso na Apple Worldwide Development Conference, 1998

LOCALIZAÇÃO DAS LOJAS

Sobre a localização das lojas Apple *em centros comerciais de luxo*: As propriedades foram mais caras, mas as pessoas não arriscam gastar 20 minutos do seu tempo. Arriscam apenas 20 passos.

*CNNMoney/*Fortune, *8 de março de 2007*

MAC CUBE

À frente do seu tempo, um fiasco de vendas: O G4 Cube é pura e simplesmente o computador mais *cool* de sempre. É uma classe de computadores completamente nova, que casa o desempenho arrasador do Power Mac G4 em relação aos Pentium com a miniaturização, o funcionamento silencioso e o *design* elegante do *desktop* do iMac. É um feito espantoso de engenharia e *design* e estamos empolgados por finalmente poder revelá-lo aos nossos clientes.

Macworld Expo, 2000

MAIS DO QUE RECRUTAR

Não é só recrutar. Depois de se recrutar, é criar um ambiente que faça com que as pessoas sintam que estão rodeadas por gente de igual talento e que o seu trabalho as transcende. A sensação de que o trabalho terá uma influência tremenda e que faz parte de uma visão forte, clara – tudo isto.

Recrutar geralmente requer mais do que aquilo que se consegue fazer sozinho, por isso descobri que a melhor forma é recrutar em colaboração e ter uma cultura que recruta os melhores. Qualquer pessoa que seja entrevistada terá de falar com pelo menos uma dúzia de pessoas em várias áreas desta empresa, não só naquela onde irá trabalhar. Deste modo, muitos dos melhores funcionários serão mostrados na empresa e – uma vez que existe uma cultura de empresa que os apoia se for essa a sua forte convicção – os atuais funcionários podem vetar um candidato.

In the Company of Giants, *1997*

MANTER A COMPOSTURA SOB PRESSÃO

Numa entrevista, muitas vezes aborreço a pessoa de propósito: critico o seu trabalho. Faço o meu trabalho de casa, descubro em que é que a pessoa trabalhou, e digo: «Aquilo afinal foi um fracasso. Revelou-se um produto idiota. Porque é que trabalhou naquilo?...» Quero ver como é que as pessoas são sob pressão. Quero ver se se retraem ou se creem convictamente e têm orgulho naquilo que fizeram.

In the Company of Giants, *1997*

MARCA NO UNIVERSO

Não me interessa ser o homem mais rico do cemitério... Deitar-me todas as noites e dizer para comigo que fizemos algo maravilhoso – é isso que me importa.

CNNMoney/Fortune, *25 de maio de 1993*

MARKETING

O meu sonho é que toda a gente no mundo tenha o seu computador Apple. Para isso, temos de ser uma grande empresa de *marketing*.

Odyssey: Pepsi to Apple, *1987*

METAS

Quando começámos a Apple, na verdade construímos o primeiro computador porque queríamos um. Projetámos este novo computador delirante com cor e uma data de outras coisas, chamado Apple II, de que provavelmente já ouviram falar. Tínhamos a paixão de fazer esta única coisa simples, que era arranjar uma data de computadores para os nossos amigos, para que eles se divertissem tanto com eles como nós.

Return to Little Kingdom, *2009*

A MICROVISÃO DA MICROSOFT

Disse [ao Bill Gates] que acreditava em tudo o que eu dissera mas que nunca o deveria ter dito em público. Desejo-lhe tudo de bom, a sério. Só acho que ele e a Microsoft são um bocado de vistas curtas. Ele seria um tipo com outros horizontes se, quando era mais novo, tivesse metido ácido pelo menos uma vez ou ido para um retiro espiritual na Índia.

New York Times Magazine, *12 de janeiro de 1997*

MORTE

É por isso que acho que a morte é a mais maravilhosa invenção da vida. Purga o sistema desses velhos modelos que já estão obsoletos. Aliás, acho que esse é um dos grandes desafios da Apple. Quando dois jovens nos entram no escritório com aquilo que vai ser a próxima grande novidade, acolhemo-la e dizemos que é fantástica? Estaremos dispostos a abandonar os nossos modelos ou vamos recusá-la com justificações rebuscadas? Acho que faremos ainda melhor, pois estamos perfeitamente cientes disto e torná-lo-emos a nossa prioridade.

Playboy, *fevereiro de 1985*

Citando Mark Twain, sobre o anúncio prematuro da sua morte pelo Bloomberg: As notícias da minha morte são bastante exageradas.

Evento da Apple para o iPod, 9 de setembro de 2008

MOTIVAÇÃO

Para o antigo executivo da PepsiCo, John Sculley, que Jobs estava a tentar trazer para a Apple: Quer passar o resto da sua vida a vender água açucarada ou quer ter uma oportunidade de mudar o mundo?

Odyssey: Pepsi to Apple, *1987*

É melhor ser um pirata do que entrar para a Marinha.

Odyssey: Pepsi to Apple, *1987*

MOTIVAÇÃO DOS FUNCIONÁRIOS

Atraímos um tipo diferente de pessoa – a pessoa que não quer esperar cinco ou dez anos por alguém que arrisque tudo nela. Alguém que quer mesmo envolver-se em algo desmesurado e deixar uma pequena marca no universo.

Playboy, *fevereiro de 1985*

A força por trás do Macintosh são as pessoas que fazem o trabalho. A minha função é criar espaço para elas, afastar o resto da organização... Este é o melhor grupo de pessoas com quem já trabalhei. São todas excecionalmente inteligentes, mas, sobretudo, partilham o modo como veem a vida, que é o facto de a viagem ser a recompensa. Querem verdadeiramente ver o seu produto no mundo.

Neste momento, isso é mais importante do que as suas vidas particulares.

Macworld, *nº 1, fevereiro de 1984*

O que acontece em muitas empresas é que não se deve manter as pessoas muito boas num ambiente de trabalho em que os feitos individuais sejam desencorajados, em vez de incentivados. As pessoas muito boas vão-se embora e ficamos com a mediocridade. Sei do que falo, porque foi assim que a Apple foi criada.

Playboy, *fevereiro de 1985*

NÃO DESCANSAR SOBRE OS LOUROS

Julgo que se fazemos alguma coisa e ela se revela bastante boa, então devemos ir fazer outra coisa maravilhosa, em vez de ficar a matutar nela durante muito tempo. Basta descobrir o que se segue.

msnbc.com, 25 de maio de 2006

NECESSIDADE DE TRABALHO DE EQUIPA

No nosso negócio, já não é possível que uma pessoa faça tudo sozinha. Criamos uma equipa à nossa volta. Temos a responsabilidade de um trabalho íntegro para com essa equipa. E toda a gente tenta realmente apresentar o melhor que sabe.

Histórias orais e de vídeo do Instituto Smithsonian, 20 de abril de 1995

NETBOOKS

Os *netbooks* não melhores do qualquer outra cosia. São apenas portáteis baratos.

Evento da Apple para o iPad, 27 de janeiro de 2010

NOVOS PRODUTOS

Já o disse antes, mas julgo que vale a pena repeti-lo: está no ADN da Apple que só a tecnologia não chega. Que é a tecnologia casada com as artes liberais, casada com as humanidades, que nos dá os resultados que nos alegram o coração. E em lado algum é isso mais notório do que nos dispositivos pós-PC.

E há muita gente neste mercado do *tablet* que entra nele à pressa e que olha para isto como se fosse o próximo PC. O *hardware* e o *software* são feitos por empresas diferentes. E falam de velocidade e *feeds*, tal como faziam com os PC.

A nossa experiência e o nosso íntimo dizem-nos que esta não é a melhor abordagem; que estes são dispositivos pós-PC que precisam de ser mais simples de usar do que o PC; que precisam de ser mais intuitivos do que um PC. E onde o *software* e o *hardware* se devem entrelaçar de forma ainda mais impercetível que num PC.

E julgamos que estamos no bom caminho com esta ideia. Julgamos que temos a arquitetura certa, não só em silicone mas também na organização, para construir estes produtos.

Por isso, julgo que temos muitas hipóteses de ser bastante competitivos neste mercado. E espero que aquilo que viram hoje vos dê uma boa sensação quanto a isso.

Evento da Apple para o iPad2, 2 de março de 2011

O NÚCLEO DA APPLE: OS FUNCIONÁRIOS

Tudo o que somos são as nossas ideias, ou pessoas. É isso que nos motiva a ir trabalhar de manhã, estar junto desta gente brilhante. Sempre pensei que o recrutamento é o cerne do que fazemos.

Conferência D5: All Things Digital, 30 de maio de 2007

OMNIPRESENÇA DO MAC

A Apple está numa posição muito interessante. Como devem saber, quase todas músicas e CD são feitos num Mac: gravados e produzidos num Mac. Quase todos os artistas que conheci têm um iPod e, hoje, a maioria dos executivos do mundo da música tem iPods.

Rolling Stone, *3 de dezembro de 2003*

OPÇÃO DE COMPRA DE AÇÕES

Na Apple, logo no início demos a todos os nossos empregados opções de compra de ações da empresa. Fomos dos primeiros a fazê-lo em Silicon Valley. Quando voltei, retirei a maioria dos bónus em dinheiro e substituí-os por opções. Nada de carros, voos ou bónus. Basicamente, todos têm direito a salário e a ações... É uma forma muito igualitária de gerir empresas que a Hewlett-Packard iniciou e que a Apple ajudou a estabelecer.

*CNNMoney/*Fortune, *9 de novembro de 1998*

OPORTUNIDADES PERDIDAS

Por isso fomos ter com a Atari e dissemos: «Temos aqui esta coisa espantosa, que até construímos com peças vossas, o que é que acham de nos financiarem? Ou então nós damo-vo-la. Só queremos fazê-la. Pagam-nos o salário e nós vimos trabalhar para vocês.» E eles disseram, «Não». Por isso, fomos ter com a Hewlett-Packard, e eles disseram: «Não precisamos de vocês. Ainda nem acabaram a faculdade.»

Fast Company, *11 de agosto de 2009*

ORGULHO NO PRODUTO

Sobre os 47 membros da equipa Mac que assinaram o molde de plástico da caixa do primeiro Macintosh: Os artistas assinam a sua obra.

Folklore.org, fevereiro de 1982

PAIXÃO

As pessoas dizem que temos de ter imensa paixão por aquilo que fazemos e têm toda a razão. E isso porque, se não tivermos, é tão difícil que qualquer pessoa racional desistiria. É mesmo difícil. E temos de o fazer durante um período contínuo. Por isso, se não gostamos do que fazemos, se não nos divertimos a fazê-lo, acabamos por desistir. E é isso que, aliás, acontece à maioria das pessoas. Se repararmos naqueles que acabaram por «ter sucesso» aos olhos da sociedade e nos que não tiveram, muitas vezes os [que] tiveram sucesso adoravam o que faziam e por isso puderam perseverar quando as coisas realmente se complicaram. E os que não adoravam o que faziam desistiram, porque têm juízo, não é? Quem é que estaria disposto a aturar isto se não gostasse do que faz? É muito trabalho árduo e muita arrelia constante, e, se não gostamos do que fazemos, acabaremos por fracassar.

Conferência D5: All Things Digital, 30 de maio de 2007

Temos de descobrir o que adoramos. E isto é tão válido para o trabalho como para os amantes. O nosso trabalho irá preencher-nos grande parte da nossa vida, e a única forma de ficarmos verdadeiramente satisfeitos é fazer aquilo que consideramos ser um ótimo trabalho. E a única forma de se fazer um ótimo trabalho é adorarmos o que fazemos... Não se acomodem.

Discurso na cerimónia de licenciatura, Universidade de Stanford, 12 de junho de 2005

PARCERIA

Achamos que uma empresa não pode fazer tudo. Por isso, temos de criar uma parceria com gente que é realmente boa em determinada coisa... Não estamos a tentar ser muito bons em pesquisa, por isso fazemos uma parceria com gente que é muito boa nisso... Sabemos fazer o melhor cliente de mapas do mundo, mas não sabemos fazer os mapas em si, por isso criamos uma parceria com gente que conhece essa parte do processo. E o que queremos fazer é ser o aparelho e a experiência do consumidor que reveste toda esta informação e as coisas que lhes podemos apresentar numa maravilhosa *interface* de utilizador, num produto coerente.

Conferência D5: All Things Digital, 30 de maio de 2007

PARTILHA DE LUCROS, EM VEZ DE ADIANTAMENTOS

A solução é deixar de pagar adiantamentos. A solução é ir para uma negociação de receita bruta e dizer a um artista: damos-lhe 20 cêntimos por cada dólar que recebermos, mas não lhe vamos dar um adiantamento. A contabilidade será simples: quanto mais bem-sucedido for, mais recebe. Mas, se não for bem-sucedido, não ganhará um tostão. Arriscaremos consigo algum dinheiro em *marketing*, mas mais nada. Caso não seja bem-sucedido, não fará dinheiro – mas, caso seja, fará muito mais. É essa a saída. É assim que o resto do mundo funciona.

Rolling Stone, *3 de dezembro de 2003*

O PC COMO EIXO DIGITAL

Cremos que a próxima grande era é a de o computador ser o eixo digital de todos estes aparelhos.

Time, *14 de janeiro de 2002*

PENSAMENTO ATIVO *VERSUS* PASSIVO

Não achamos que as televisões e os computadores pessoais se vão fundir. Basicamente, julgamos que nós vemos televisão para desligar o cérebro, e trabalhamos no computador quando queremos ligar o cérebro.

Macworld, *2 de fevereiro de 2004*

PENSAMENTO PAROQUIAL

As companhias discográficas ganham mais dinheiro quando vendem uma música no iTunes do que quando vendem um CD. Se querem aumentar os preços, é porque são ganaciosas. Se os preços aumentam, as pessoas viram-se para a pirataria – e toda a gente perde.

Guardian, *22 de setembro de 2005*

PENSAR À FRENTE

Se quisermos viver a vida de modo criativo, como artistas, não podemos olhar muito para trás. Temos de estar dispostos a assumir o que tivermos feito e quem tivermos sido e desfazermo-nos disso.

Playboy, *fevereiro 1985*

Vamos inventar o amanhã, em vez de nos estarmos a preocupar com o que aconteceu ontem.

Conferência D5, All Things Digital, 30 de maio

PENSAR OS PROBLEMAS

Uma vez enfrentado o problema, [...] vemos que é complicado, e então ocorrem-nos soluções rebuscadas. A maioria das pessoas para aí e essas soluções costumam resultar por algum tempo. Mas a pessoa excecional insistirá, encontrará a raiz do problema e uma solução elegante que funcione a todos os níveis. Foi isso que quisemos fazer com o Mac.

AppleDesign, *1997*

Temos muitos clientes e fazemos muita pesquisa no que diz respeito aos produtos já comercializados. Também observamos atentamente as tendências da indústria. Mas, feitas as contas, para algo tão complexo é bastante difícil conceber produtos para grupos de análise. Na maioria das vezes, as pessoas não sabem o que querem até que se lho mostre.

Bloomberg Businessweek, *25 de maio, 1998*

PERCEÇÃO

Uma das razões por que julgo que a Microsoft demorou dez anos para copiar o Mac é porque eles, no fundo, já não percebem do que se trata.

Rolling Stone, *16 de junho de 1994*

PERDER DINHEIRO

Sou a única pessoa que conheço que perdeu um quarto de mil milhões de dólares num ano... É muito edificante.

Apple Confidential 2.0, *2004*

PERDER QUOTA DE MERCADO

E como se perdem os monopólios? Pensem nisso. O pessoal do produto, muito competente, inventa alguns produtos muito bons e a empresa consegue um monopólio. Mas, depois disso, já não é o pessoal do produto que impulsiona a empresa. São os tipos do *marketing* ou os que expandem o negócio para a América Latina, ou qualquer outro lado... E, assim, começa a subir na empresa um grupo de pessoas diferente. E geralmente quem é que acaba a gerir a coisa toda? O tipo das vendas.

Bloomberg Businessweek, *12 de outubro de 2004*

O PERIGO DA ESTAGNAÇÃO

Sobre a Apple durante a sua ausência de uma década: O problema da Apple é ter mais sucesso do que algum dia sonhou. Temos tanto êxito que pusemos toda a gente a sonhar o mesmo sonho. O resto do mundo tornou-se igual a ela. O problema foi que o sonho não evoluiu. A Apple parou de criar.

Apple Confidential 2.0, *2004*

PERSEVERANÇA

Estou convencido de que metade do que separa os empreendedores de sucesso dos que não têm sucesso é a perseverança... Não sobreviveremos se não tivermos uma imensa paixão por isto. Acabaremos por desistir. Por isso, há que ter uma ideia, ou um problema ou algo que esteja mal e queiramos corrigir e que nos apaixone; de outra forma, não teremos a perseverança para continuar.

Histórias orais e de vídeo do Instituto Smithsonian, 20 de abril de 1995

AS PESSOAS DA PIXAR

A Apple tem pessoas excecionais, mas a Pixar tem a concentração de pessoas mais notável que alguma vez vi. Há uma pessoa com um doutoramento em animação digital de plantas: relva, árvores e flores 3D. Há outra que é a melhor do mundo a pôr imagens nos filmes. Além disso, a Pixar é mais multidisciplinar do que a Apple algum dia será. Mas o principal é que é muito mais pequena. A Pixar tem 450 colaboradores. Não se teria o conjunto de pessoas que a Pixar tem neste momento se chegássemos às 2000.

*CNNMoney/*Fortune*, 9 de novembro de 1998*

PIXAR

A Pixar tem, de longe, os melhores talentos do mundo em gráficos computorizados, e agora tem os melhores talentos artísticos e de animação em todo o mundo para fazer este tipo de filme. Não há mais ninguém no mundo que possa fazer isto. É realmente fenomenal. Estamos provavelmente dez anos à frente de toda a gente.

Histórias orais e de vídeo do Instituto Smithsonian, 20 de abril de 1995

Acreditamos que [o filme *Toy Story*] é o maior avanço na animação desde que Walt Disney deu início a tudo isto com *Branca de Neve*, há 50 anos.

CNNMoney/*Fortune*, 18 de setembro de 1995

POTENCIAL DOS FUNCIONÁRIOS

O meu trabalho não é ser brando para com as pessoas. O meu trabalho é torná-las melhores.

*CNNMoney.com/*Fortune, *fevereiro de 2008*

PRAZOS

Nem pensar, nem pensem que não vamos cumprir o prazo! Vocês andam a trabalhar nisto há meses. Mais umas duas semanas não fariam grande diferença. Por isso, terminem. Façam-no o melhor que puderem. É melhor voltarem ao trabalho!

Folklore.org, janeiro de 1984

Os verdadeiros artistas cumprem.

Folklore.org, janeiro de 1984

PROCESSO

O sistema é não haver sistema. Isso não significa ausência de processo. A Apple é uma empresa muito disciplinada e temos processos ótimos. Mas não é disso que se trata. O processo apenas nos torna mais eficientes.

Bloomberg Businessweek, *12 de outubro de 2004*

PRODUTOS

Jim McCluney, antigo diretor mundial de operações, recorda as críticas de Jobs junto de executivos de topo da Apple em julho de 1997, depois de Gil Amelio se ter demitido e Jobs ter assumido o controlo: São os produtos. Os produtos NÃO PRESTAM! Deixaram de ser *sexy*!

Bloomberg Businessweek, *6 de fevereiro de 2006*

QUALIDADE

Queríamos simplesmente construir a melhor coisa possível. Se somos carpinteiros e estamos a fazer uma bela cómoda, não usamos um pedaço de contraplacado nas costas, ainda que estas estejam voltadas para a parede e nunca ninguém as veja. Sabemos que está lá, e por isso, para essa parte, usamos uma boa madeira. Para podermos dormir bem de noite, a estética, a qualidade, tem de ser levada até ao fim.

Playboy, *fevereiro de 1985*

A qualidade é mais importante do que a quantidade. Um golo do meio campo é muito melhor que dois de penálti.

Bloomberg Businessweek, *6 de fevereiro de 2006*

QUEIXAS DO CLIENTE

Recebi centenas de *e-mails* de clientes do iPhone que estão aborrecidos por a Apple baixar o preço do iPhone em 200 dólares dois meses depois de ter sido posto à venda. Depois de ler estes *e-mails*, um por um, tenho alguns comentários a fazer e algumas conclusões... Há sempre mudança e melhoria, e há sempre alguém que comprou um produto antes de este baixar de preço e que não chega a tempo do novo preço ou do novo sistema operativo ou do novo seja o que for. É a vida na era tecnológica. Se estivermos sempre à espera da próxima redução de preço ou de comprar o novo produto melhorado, nunca compramos nenhum produto tecnológico porque há sempre algo melhor e menos caro no horizonte... Apesar de termos tomado a decisão correta ao baixar o preço do iPhone, e ainda que o caminho da tecnologia seja acidentado, temos de tratar melhor os nossos primeiros clientes de iPhone quando, de modo agressivo, vamos atrás de clientes novos com um preço mais baixo. Os nossos primeiros clientes confiaram em nós e temos de estar à altura dessa confiança com as nossas ações em momentos como este.

Website da Apple, setembro de 2007

REPETIR O SUCESSO

Há um problema clássico nos negócios, que é a síndrome do segundo produto. Muitas vezes, as empresas que têm um primeiro produto bastante bem-sucedido não percebem ao certo o que o tornou um êxito. Assim, quando chegam ao segundo produto, as suas ambições crescem e tornam-se pretensiosos, e esse produto falha. Ou não chegam a pô-lo cá fora ou o mercado não reage a ele porque não compreenderam verdadeiramente o que levou o mercado a gostar do primeiro produto.

To Infinity and Beyond!, *2007*

ROUBO NA INTERNET E MOTIVAÇÃO

Nós dissemos: Não percebemos como é que se vai convencer as pessoas a deixar de roubar, a não ser que se lhes ofereça uma cenoura – e não um pau. E a cenoura é: vamos oferecer-vos uma experiência melhor... e só vos vai custar um dólar por música.

Rolling Stone, *16 de junho de 1994*

Nenhuma dessa tecnologia de que está a falar irá funcionar. Temos aqui doutorados que conhecem o assunto de trás para a frente e não cremos que seja possível proteger conteúdo digital... O que é novidade é este sistema de distribuição de propriedade roubada espantosamente eficiente que se chama internet – e ninguém vai acabar com a internet. E basta que esteja uma única cópia na internet.

A forma como lhes expusemos a questão foi: force uma fechadura – abra qualquer porta. Basta uma pessoa para forçar uma fechadura.

Rolling Stone, *16 de junho de 1994*

SABEDORIA

Trocaria toda a minha tecnologia por uma tarde com Sócrates.

Newsweek, 28 de outubro de 2001

O SALÁRIO ANUAL DE $1 DE STEVE JOBS

Recebo 50 cêntimos só por aparecer... e os outros 50 cêntimos têm por base o desempenho.

AppleInsider.com, 10 de maio de 2007

TIRAR BAIXA POR MOTIVOS DE SAÚDE

De forma a afastar-me das luzes da ribalta e concentrar-me na minha saúde, e para permitir a toda a gente na Apple concentrar-se em produzir produtos extraordinários, decidi tirar baixa, por razões médicas, até final de junho.

Pedi ao Tim Cook que ficasse responsável pelas operações da Apple no dia a dia, e sei que ele e o resto da equipa de gestão farão um grande trabalho. Na qualidade de CEO, pretendo manter-me envolvido nas grandes decisões estratégicas enquanto estiver afastado. O nosso conselho de administração apoia por completo este plano.

Circular emitida pela Apple, para todos os funcionários da empresa, 14 de janeiro de 2009

SECRETISMO QUANTO AOS PRODUTOS

Nunca falamos sobre futuros produtos. Havia um ditado sobre a Apple: «Não é engraçado? Um navio que tem uma fuga no topo.» Não quero perpetuar essa ideia. Portanto, nada posso dizer.

ABCNews.com, 29 de junho de 2005

AS SEQUELAS DOS FILMES DE ANIMAÇÃO DA DISNEY

Aborrece-nos que a Disney faça sequelas, porque, se repararmos na qualidade das sequelas deles, como o *Rei Leão 1.5* e [*Regresso à Terra do Nunca*], é uma coisa muito embaraçosa.

Associated Press, 2004

SER O MELHOR

Não seremos os primeiros a chegar a esta festa, mas seremos os melhores.

Evento da Apple para o sistema operativo do iPhone 4.0, 8 de abril de 2010

SER OU NÃO SER

O vosso tempo é limitado, não o desperdicem vivendo a vida de outra pessoa. Não se deixem aprisionar pelo dogma, que seria viver com o resultado do pensamento de outros. Não deixem que o ruído das opiniões alheias se sobreponha à vossa voz interior. Sobretudo, tenham a coragem de seguir o vosso coração e a vossa intuição. De alguma forma, eles já sabem em que vocês se querem tornar. O resto é secundário.

Discurso na cerimónia de licenciatura, Universidade de Stanford, 12 de junho de 2005

SIMPLICIDADE

À medida que as tecnologias se tornam mais complexas, o ponto forte essencial da Apple – saber como tornar tecnologia muito sofisticada inteligível pelo comum dos mortais – tem ainda mais procura. As Dell deste mundo não gastam dinheiro nem pensam nestas coisas.

New York Times Magazine, *30 de novembro de 2003*

Se pudéssemos criar quatro grandes plataformas de produto, isso seria tudo aquilo de que precisaríamos. Podemos pôr a nossa equipa A em cada uma delas em vez de ter uma equipa B, C ou qualquer outra. Conseguimo-las muito mais depressa.

Discurso nos Seybold Seminars, março de 1998

Há um ADN muito forte no âmago da Apple e diz respeito a pegar em tecnologia de ponta e torná-la acessível às pessoas... pessoas que não querem ler manuais, pessoas com vidas ocupadas.

Guardian, *22 de setembro de 2005*

Acerca da simplicidade do iMac: Se sairmos à rua e perguntarmos às pessoas o que há de errado com os computadores de hoje, elas responderão que são muito complicados e que têm milhões de cabos, que são grandes e barulhentos, que são bastante feios e que demoram uma eternidade para aceder à internet. Então, tentámos resolver estes problemas com o iMac. O iMac é o único computador pessoal que vem numa só caixa. É possível montá-lo e navegar na internet em 15 minutos ou menos.

Macworld Expo, 13 de março de 1999

Analisámos o plano dos novos produtos e descartámos 70% deles, ficando com os 30% que são pérolas. As equipas de produto da Apple estão muito entusiasmadas. Há tanto por onde escolher que se torna fácil dar a volta.

Macworld Expo, 6 de janeiro de 1998

Os dispositivos móveis são muito importantes para as pessoas. Não se trata de um tipo de produto obscuro que afete apenas uma pequena parte da população. As pessoas já viram nas nossas demonstrações e nos nossos anúncios algo que sabem que vão perceber logo como usar. Estão--nos sempre a mostrar tecnologia e a maior parte diz «não tenho tempo para descobrir como funciona». A maioria de nós tem essa experiência com o telefone e não sabe como usá-los.

USA Today, *28 de julho de 2007*

SLOGAN: iPOD DE PRIMEIRA GERAÇÃO

Mil músicas no seu bolso.

Anúncio da Apple, *31 de outubro de 2001*

SOBREVIVÊNCIA

Vitória, no nosso meio, significa *sobrevivência*. A maneira de sobrevivemos é inovar até conseguirmos sair deste ponto.

Time, *5 de fevereiro de 2003*

SOFTWARE

O Bill [Gates] criou a primeira empresa de *software* desta indústria. E penso que ele o fez antes de alguém do meio saber o que era uma empresa de *software*, o que foi um marco. E o modelo de negócio por que optaram revelou--se bastante eficaz. O Bill centrou-se no *software* antes de qualquer pessoa perceber o que se passava. Pode dizer-se muito mais coisas, mas o principal é isto.

Conferência D5: All Things Digital, 30 de maio de 2007

É realmente interessante que a razão da existência do iPod e de a Apple estar no mercado seja o facto de as empresas japonesas de eletrónica de consumo que, de certa forma, detêm o mercado da música portátil, pois criaram-no e dominaram-no, não terem sido capazes de criar o *software* adequado, não terem sido capazes de o conceber e implementar. Porque um iPod resume-se a *software*. É *software* no iPod em si, é *software* no PC ou no Mac e é *software* na nuvem para a loja.

Conferência D5: All Things Digital, 30 de maio de 2007

Resposta sobre o software *iMovie*: Faz com que a sua câmara de filmar valha dez vezes mais porque o utilizador consegue converter gravação não editada num filme incrível, com transições, sobreposição de planos, genérico e banda sonora. Pode converter, na sua câmara, gravações não editadas, para as quais não voltaria a olhar, num pedaço de comunicação muitíssimo comovente. Profissional. Pessoal. É incrível... tem dez vezes mais valor para si.

Discurso na Macworld, 9 de janeiro de 2001

SUCESSO

A Pixar é vista por muita gente como um sucesso instantâneo, mas se olharmos com atenção vemos que os sucessos instantâneos demoram muito a construir.

To Infinity and Beyond!, *2007*

TALENTOS INTERDISCIPLINARES

Nunca acreditei que estivessem separados. Leonardo da Vinci foi um grande artista e um grande cientista. Miguel Ângelo sabia imenso sobre como cortar pedra na pedreira. Os melhores doze cientistas informáticos que conheço são todos músicos. Alguns são melhores que outros, mas todos consideram que a música é uma parte importante das suas vidas. Não creio que as melhores pessoas em nenhum destes campos se vejam como um ramo de uma árvore bifurcada. Simplesmente, não creio. As pessoas costumam conjugar estas duas vertentes. O Dr. Land, na Polaroid, dizia «Quero que a Polaroid esteja na interseção entre a arte e a ciência», e nunca me esqueci disso. Julgo que é possível e muita gente tem tentado.

Time, *10 de outubro de 1999*

A TECNOLOGIA EM PERSPETIVA

Ela [a tecnologia] não muda o mundo. Não o muda. As tecnologias podem facilitar, permitem que cheguemos a pessoas a que de outro modo não chegaríamos. Mas não é bom mudar constantemente de paradigma, mudando tudo. As coisas não têm de mudar o mundo para serem importantes.

The Independent, *29 de outubro de 2005*

TOMADA DE DECISÕES

Na Apple, há dez decisões *realmente* importantes para tomar a cada semana. É uma empresa de transações; todos os meses tem uma série de produtos novos. E se algumas dessas decisões estiverem erradas, talvez possamos corrigi-las uns meses mais tarde. Na Pixar, como não estou a realizar os filmes, há apenas umas quantas decisões estratégicas a tomar por mês, se calhar até por trimestre, só que são difíceis de alterar. A Pixar tem um ritmo muito mais lento, mas não se pode mudar de ideias quando se escolhe estes caminhos.

To Infinity and Beyond!, *2007*

TOY STORY 2

Sobre como a dedicação a Toy Story 2 *exigiu muitíssimo dos funcionários da empresa:* Toda a gente estava tão empenhada naquilo, gostava tanto do *Toy Story* e das personagens e adorava o novo filme que nos matámos a fazê-lo. Houve quem levasse um ano para recuperar. Foi duro – foi muito duro, mas fizemo-lo. Agora já passou tempo suficiente para podermos olhar para trás e ficarmos contentes por o termos feito. Mas foi duro.

To Infinity and Beyond!, *2007*

TRABALHAR ARDUAMENTE E ENVELHECER

Li uma coisa que o Bill Gates disse há cerca de seis meses: «Trabalhei mesmo muito arduamente quando tinha vinte anos.» Percebo o que quer dizer, porque também eu trabalhei muito arduamente quando tinha vinte anos – sete dias por semana, muitas horas todos os dias. Mas não podemos fazê-lo para sempre. Não queremos fazê-lo para sempre.

Time, *10 de outubro de 1999*

TRABALHO ÁRDUO

Nunca me sentira tão cansado na vida. Chegava a casa às dez da noite e atirava-me logo para cima da cama, depois arrastava-me para fora da cama às seis da manhã e tomava um duche para ir trabalhar. A minha mulher é que foi responsável por eu ter continuado. Apoiou-me e manteve a família unida com um marido *in absentia*.

CNNMoney/Fortune, *9 de novembro de 1998*

TRABALHO DE EQUIPA

Os Beatles são o meu modelo de negócio. Eram quatro tipos que refreavam as tendências negativas uns dos outros. Equilibravam-se mutuamente e o todo era maior do que a soma das partes. Vejo os negócios assim: os grandes feitos nos negócios nunca se devem a uma pessoa, são fruto de uma equipa de pessoas.

60 Minutes, *2003*

VALORES

Sobre o Budismo Zen: Valoriza a experiência em detrimento da compreensão intelectual. Vi muita gente a contemplar coisas, mas isso não parecia levar a nada de relevante. Fiquei muito interessado em pessoas que tinham descoberto algo mais importante do que uma compreensão intelectual abstrata.

Return to the Little Kingdom, *2009*

VALORES EQUIVOCADOS

Sabe, a minha reação a esta coisa do dinheiro é que me dá vontade de rir, toda a atenção que lhe dão, porque não é, de todo, a coisa mais profunda ou valiosa que me aconteceu nos últimos dez anos. Mas faz-me sentir velho, por vezes, quando falo numa universidade e descubro que aquilo que mais assombra os alunos é eu ser milionário.

Playboy, *fevereiro de 1985*

VENDER AÇÕES DA APPLE

Sobre a única ação da Apple com que ficou: Sim, vendi as ações. Já tinha perdido a esperança de que a direção da Apple fizesse alguma coisa. Não pensei que as ações subissem. *[Depois da saída de Jobs, as ações da Apple chegaram ao seu mínimo histórico.]*

Time, 18 de agosto de 1997

VISÃO

Arriscamos com a nossa visão e preferimos fazê-lo a criar produtos «eu também». Deixemos isso para as outras empresas. Para nós, o próximo sonho é que importa.

Evento de apresentação de produto para o primeiro computador Macintosh, 24 de janeiro de 1984

Estou sempre atento à próxima grande oportunidade, mas da forma que o mundo atualmente está, para que tal aconteça serão necessários recursos imensos, tanto em dinheiro como em talento de engenharia. Não sei qual será a próxima grande descoberta, mas tenho algumas ideias.

CNNMoney/Fortune, *24 de janeiro de 2001*

VISÃO COMUM

O que nos unia na Apple era a capacidade de fazer coisas que iriam mudar o mundo. Isso era muito importante.

Histórias orais e de vídeo do Instituto Smithsonian, 20 de abril de 1995

ZEN

O fardo de ser bem-sucedido foi substituído pela leveza de ser novamente um principiante, com menos certezas sobre tudo. Entrar num dos períodos mais criativos da minha vida libertou-me. *[Alusão a um conhecido dito do mestre* zen *Shunryu Suzuki: «Na mente do principiante há muitas possibilidades, mas na do especialista há poucas.»]*

Discurso na cerimónia de licenciatura, Universidade de Stanford, 12 de junho de 2005

MARCOS

1955 Nasce em São Francisco, filho de Abdulfattah John Jandali e Joanne Simpson. É dado para adoção a Paul e Clara Jobs, que o batizam Steven Paul Jobs. (24 de fevereiro)

1996 A família Jobs muda-se para Los Altos, na Califórnia, e Steve entra na Homestead High School, onde começa a interessar-se por música (especialmente Bob Dylan e os Beatles) e por eletrónica.

1971 Steve Jobs conhece o cofundador da Apple, Steve Wozniak («Woz»).

1972 Jobs e Wozniak fabricam e vendem aos estudantes universitários geradores de tons telefónicos, ilegais, chamados *blue boxes*, usados para fazer chamadas telefónicas gratuitas. (Um artigo na revista *Esquire* de outubro de 1971 explicava como fazê-las.) Obtêm $6 000,00 de forma ilícita antes de se dedicarem a empreendimentos legítimos.

Steve termina o liceu. Em setembro, inscreve-se no Reed College (em Portland, no Oregon), mas desiste ao fim de um semestre, embora continue a assistir a algumas aulas enquanto leva um estilo de vida boémio.

É no Reed College que conhece Dan Kottke, futuro empregado da Apple, que mais tarde fará a montagem e os testes do primeiro computador Apple I.

1974 Jobs vai trabalhar para a empresa de videojogos de Nolan Bushnell, a Atari. (setembro)
Começa a frequentar o Homebrew Computer Club, composto por amadores de eletrónica.

1976 A Apple Computer muda-se para o seu primeiro escritório, na Stevens Creek Boulevard, em Cupertino, na Califórnia. (janeiro)
A Apple é co-fundada por Steve Jobs (45% de quota), Wozniak (45%) e Ronald Wayne (10%). Wayne decide que não pode correr o risco e vende a sua parte da Apple a Jobs e a Woz por $800. (1 de abril)
SJ recebe uma encomenda de 50 computadores da Byte Shop, em Mountain View, na Califórnia. O proprietário espera computadores prontos a usar, mas a Apple entrega apenas o coração do computador, a placa de circuitos. SJ esperava que os informáticos amadores lhe juntassem os periféricos necessários: um teclado, um monitor (um televisor CRT), uma fonte de alimentação e uma caixa. (julho)
SJ e Kottke apresentam o Apple I no Personal Computer Festival, em Atlantic City. Entretanto, Wozniak trabalha no Apple II, um grande avanço: um computador pessoal pronto a usar para o mercado de massas. (28-29 de agosto)

1977 Em troca de um terço dos lucros, Mike Markkula, um investidor de risco, «garante um financiamento inicial de $ 250 000» (Apple Computer Inc., Memorando de Oferta). (janeiro)
A Apple lança o Apple II na West Coast Computer Faire, em São Francisco. (16-17 de abril)
A Apple lança o seu primeiro sistema Apple II. (junho)

1978 A Apple mostra a sua primeira *drive* de disquetes para o Apple II no Consumer Electronics Show (CES), em Las Vegas. (janeiro)
No outono, a Apple lança o Apple III para o mercado empresarial, enquanto SJ se concentra em criar o primeiro computador Lisa para o mercado empresarial.
A Apple recruta Michael Scott, do National Semiconductor, para seu CEO. (fevereiro)
SJ tem o primeiro filho, Lisa Brennan-Jobs, com a namorada da altura. Não assume qualquer papel na sua educação e recusa-se a aceitar a paternidade, até que um teste de ADN exigido pelo tribunal revela grande percentagem de compatibilidade.

1979 A Apple fatura 47 milhões de dólares.
SJ e outros colaboradores importantes da Apple visitam o CIPA [Centro de Investigação de Palo Alto da Xerox], onde tomam contacto com novas tecnologias de informática, incluindo o rato e a *interface* gráfica do utilizador (GUI). É um acontecimento feliz para SJ, que imediatamente com-

preende as suas implicações para o futuro dos computadores.
A Apple lança o Apple II Plus. (junho)
É lançado o VisiCalc, um programa de folha de cálculo, para o Apple II, o que ajuda a estimular as vendas do computador. (novembro)

1980 A oferta pública inicial da Apple vende 4,6 milhões de ações. Com o valor por ação inicialmente fixado em $22, a bolsa fecha nos $29. Valor da Apple: 1 778 milhões de dólares. (12 de dezembro)

1981 A Apple apresenta o Apple III; as suas falhas de conceção obrigam à recolha das primeiras 14 000 unidades.
O programador Andy Hertzfeld, da Apple, começa a trabalhar no sistema operativo para o Macintosh, uma alternativa acessível ao computador Lisa de SJ, caro. (fevereiro)
Num dia apelidado «quarta-feira negra» pelos funcionários da Apple, o CEO da Apple, Mike Scott, sem consultar o conselho de administração despede metade da equipa do Apple II. Por sua vez, o conselho despede Scott, nomeia Markkula como CEO interino e começa a procurar um novo CEO. (25 de fevereiro)
SJ torna-se presidente do conselho de administração. Markkula assume a presidência, substituindo Scott. (março)
A IBM lança o seu computador pessoal, o IBM PC 5150, que SJ ridiculariza publicamente como sendo tecnologicamente inferior; SJ subestima as suas

vantagens, especialmente para o meio empresarial, que o prefere aos produtos da Apple. (agosto)

1982 A Microsoft assina um acordo para desenvolver três aplicações essenciais para o Mac: uma folha de cálculo, uma base de dados e um programa de gráficos profissional. (22 de janeiro)
SJ aparece na revista *Time* a propósito do artigo de capa: «Quem corre riscos na América: Steven Jobs, da Apple Computer.» (15 de fevereiro)
SJ compra um apartamento em Nova Iorque, no edifício San Remo. Depois de remodelações profundas por parte do arquiteto I.M. Pei, SJ não chega a mudar-se e mais tarde vende a casa.
A *Time* não nomeia SJ «Homem do Ano», mas elege a sua criação, o computador pessoal, como «máquina do ano». (dezembro)

1983 SJ vai a Nova Iorque para dar aos meios de comunicação uma antevisão do seu poderoso computador de negócios: Lisa. Enquanto lá está, conhece John Sculley, executivo da PepsiCo, com quem fica bem impressionado, acabando depois por convidá-lo para a Apple. (janeiro)
A Apple lança oficialmente o computador Lisa (*Local Integrated Software Architecture*). (19 de janeiro)
A Apple lança o Apple IIe. (janeiro)
Sculley é contratado para CEO da Apple. (08 de abril)

1984 A Apple apresenta o primeiro computador Macintosh, lançando com ele um inovador anúncio televisivo durante o Super Bowl XVIII. Intitulado «1984»

e dirigido por Ridley Scott, a sua produção e exibição custou 1,2 milhões de dólares. O «Mac» é o primeiro IGU (*interface* gráfica do utilizador) de grande público do mundo. (22 de janeiro)
Lança-se o Lisa 2. (14 de janeiro)
SJ compra a Jackling House, uma mansão de 1600 m^2, em Woodside, na Califórnia.
A Apple compra as 39 páginas de espaço publicitário disponíveis no número especial da *Newsweek* «Election Extra» para promover o Macintosh. (novembro-dezembro)

1985 Anuncia-se a impressora LaserWriter, acelerando a explosão na edição eletrónica. Além disso, o Lisa é reposicionado como Macintosh XL, mas suas vendas não melhoram. (janeiro)
Wozniak, descontente com seu papel praticamente simbólico na Apple, demite-se para fundar sua própria empresa, a CL9, onde se pode concentrar na sua primeira paixão: a invenção produtos eletrónicos. (6 de fevereiro)
Sculley, com a aprovação do conselho de administração da Apple, exonera SJ do cargo de chefe da divisão dos Mac. (Em 2010, numa entrevista com Leander Kahney, Sculley de bom grado reconheceu o seu erro ao não manter Jobs: «Agora, em retrospetiva, é tão óbvio que teria sido a coisa acertada. Não o fizemos e a culpa disso é minha. Ele teria salvado a Apple da morte quase certa que tiveram.») (31 de maio)
Sentindo-se traído, e sem confiança no futuro da Apple, SJ guarda uma ação da empresa e vende o resto.

Alan Kay, do CIPA da Xerox, um conhecido visionário dos computadores, diz a SJ que George Lucas quer vender a Pixar. SJ estaria interessado se o preço fosse de 10 milhões, mas não no caso dos 30 milhões de dólares que estão a pedir.
A Apple despede 1200 funcionários. (14 de junho)
Deixa de produzir o Macintosh XL. (01 de agosto)
SJ dirige-se ao conselho de administração da Apple para anunciar que sairá para começar uma nova empresa de computadores, a NeXT. A Apple incentiva-o a fazê-lo e até se oferece como parceiro de investimento. (13 de setembro)
SJ e Wozniak são agraciados com a Medalha Nacional de Tecnologia pelo presidente Ronald Reagan.

1986 Sculley, presidente e CEO, passa também a ser presidente do conselho. (29 de janeiro)
A Apple suspende o Macintosh original e substitui-o pelo Macintosh 512K Enhanced. (14 de abril)
SJ compra a empresa The Graphics Group (mais tarde chamada Pixar Animation Studios), de George Lucas, e investe 10 milhões de dólares. SJ passa a ser CEO e acionista maioritário.
A Pixar inaugura a sua estação de trabalho gráfico, o Pixar Image Computer. (maio)

1987 A Apple lança o Macintosh SE e o seu primeiro computador com gráficos a cores, o Macintosh II. (2 de março)
Começa a vender-se o Pixar Image Computer (P-11).

1988 A NeXT lança o seu computador. (12 de outubro)

1989 O filme animado *Tin Toy*, da Pixar, ganha um Óscar para Melhor Curta-metragem de Animação.
A Apple lança o Macintosh Portable, que pesa 7,71 kg. (20 de setembro)

1990 SJ interrompe o desenvolvimento e as vendas do Pixar Image Computer e concentra-se no desenvolvimento do seu *software*, o RenderMan. (30 de abril)

1991 SJ casa com Laurene Powell, no Hotel Ahwanhee, no Yosemite National Park. A cerimónia é presidida pelo monge budista *zen*, Kobin Chino, amigo de SJ. (18 de março)
Segundo o *website* da Pixar, «a Pixar e a Walt Disney Studios juntam-se para desenvolver, produzir e distribuir até três longas-metragens de animação».

1992 A revista *Fortune* acrescenta SJ ao seu National Business Hall of Fame. (9 de abril)
A irmã biológica de SJ, Mona Simpson, publica um romance intitulado *The Lost Father*.
No CES (Consumer Electronics Show), em Chicago, Sculley mostra um protótipo do Newton MessagePad, o assistente pessoal digital da Apple. (maio)

1993 Ao não cumprir as expectativas de vendas, a NeXT desiste da sua linha de *hardware* para se concentrar exclusivamente no desenvolvimento de *software*. (11 de fevereiro)

Michael Spindler substitui Sculley como CEO da Apple. (18 de junho)
A Apple anuncia que planeia grandes despedimentos: 2500 pessoas em todo o mundo. (julho)
O Newton começa a ser vendido. (agosto)
A Apple descontinua o seu computador Apple II e respetivos periféricos. (15 de outubro)

1994 A Apple lança o seu primeiro produto PowerPC, uma placa de circuitos para as suas linhas Centris e Mac Quadra. (janeiro)
A Apple anuncia que vai disponibilizar licenças do seu sistema operativo (System 7) para outros fabricantes de computadores. Os seus primeiros clientes incluem a Radius e a Power Computing.
SJ tenta, sem sucesso, vender a Pixar. Entre os pretendentes está a Microsoft.

1995 *Pocahontas* é exibido em Nova Iorque, no Central Park. (10 de junho)
A Disney lança *Toy Story* no fim de semana de Ação de Graças. O filme é um êxito e fatura 191,7 milhões de dólares só nos EUA. (novembro)
A oferta pública inicial da Pixar vende 6,9 milhões de ações. (29 de novembro)

1996 Gilbert Amelio substitui Spindler como CEO da Apple. Pouco depois, Amelio assume também o cargo de presidente. (2 de fevereiro)
SJ surge com destaque no documentário *Triumph of the Nerds*, da PBS, sobre Silicon Valley e computadores. (junho)

Depois de prometer um novo sistema operativo que não foi capaz de apresentar, a Apple procura um novo sistema operativo e decide que será ou o BeOS (de Jean-Louis Gassée, antigo executivo da Apple,) ou o *software* NeXT, de Steve Jobs.
Numa apresentação à direção da Apple, SJ convence-os a comprarem a NeXT e os seus ativos por 427 milhões de dólares, sendo o seu sistema operativo o maior ativo em jogo. SJ regressa à Apple, ainda que como consultor informal. (dezembro)

1997 Após uma ausência prolongada, SJ e Wozniak regressam para ajudar a revitalizar a Apple. (janeiro)
Amelio anuncia que o Newton poderá ser retirado da linha de produção.
SJ e Wozniak são nomeados membros do recém-criado comité executivo, tornando-se conselheiros de Amelio. (fevereiro)
Amelio demite-se. Depois de lhe oferecerem o cargo de CEO, SJ recusa, alegando a ligação à Pixar, e torna-se CEO interino da Apple, cargo a que chama «iCEO». (9 de julho)
SJ começa a trabalhar para simplificar a linha de produtos da Apple de quarenta modelos de computador para dez. Na Macworld, SJ anuncia novos acordos com a anterior rival Microsoft, notícia recebida com sentimentos contraditórios pelos seguidores da Apple. (agosto)
Anuncia-se formalmente SJ como CEO interino da Apple. (John Sculley, numa entrevista de 2010 com Leander Kahney, observou: «Estou realmente convencido de que, se Steve não tivesse voltado

quando voltou, se tivessem esperado mais seis meses, a Apple teria passado à história. Teria desaparecido, completamente.» (setembro)
A Apple lança o seu PowerBook, que corre com o processador PowerPC G3. (novembro)
SJ assume duplas responsabilidades de CEO, na Apple e na Pixar.

1998 A aquisição da NeXTSTEP pela Apple lança as bases para a sua próxima grande atualização de *software*: o Mac OS X, um sistema operativo semelhante ao Unix.
Na Macworld, em São Francisco, a Apple anuncia a torre Power Mac G3 «Azul e Branca». (5 de janeiro)
SJ surge com destaque no documentário *Nerds 2.0.1: A Brief History of the Internet*, da PBS, uma sequela do *Triumph of the Nerds*.
SJ arruma a casa na Apple: diminui significativamente o número de produtos em linhas de computadores concorrentes, aborta vários projetos (nomeadamente o Newton), acaba com o programa de licenciamento de *software* e despede alguns funcionários. (março)
A Pixar lança *Uma Vida de Inseto*, que fatura 162 milhões de dólares nos EUA. (20 de novembro)

1999 A Apple anuncia o iMac G3 com gaveta de CD em cinco cores cativantes e novas torres Power Mac G3. (5 de janeiro)
SJ é retratado num programa/documentário televisivo intitulado *Pirates of Silicon Valley*, papel desempenhado pelo ator Noah Wyle. (20 de junho)

A Apple lança o iBook portátil, um computador profissional em forma de concha chamado PowerBook G3 e o seu primeiro dispositivo *wireless*, a estação-base AirPort. (21 de Kulho)
A Pixar lança o *Toy Story 2*, que fatura 245,8 milhões de dólares nos EUA. (13 de novembro)

2000 Na Macworld, SJ anuncia que a sua posição de CEO passou de interina a permanente. (5 de janeiro)
SJ lança o Public Beta Mac OS X, construído sobre o esqueleto de *software* da NeXT, orientado por objetos.
As ações da Apple caem para $28 após a empresa anunciar vendas no quarto trimestre «substancialmente abaixo das expectativas». (28 de setembro)

2001 Na Macworld, SJ mostra o Mac OS X, as torres de computadores «Quicksilver» G4 e um computador PowerBook G4 de titânio. (9 de janeiro)
A Apple abre em Nova Iorque a sua maior loja de venda ao público. (Em dez anos, abrirão mais de 300 lojas como esta em todo o mundo.) (maio)
A Pixar estreia *Monstros e Companhia*, que fatura 255 milhões de dólares nos EUA. (28 de outubro)
É lançado o iPod, com o *slogan* «1000 músicas no seu bolso». (10 de novembro)

2002 A Apple apresenta o eMac (educação Mac), uma linha criada especificamente para o mercado educativo, em crescimento. (29 de abril)

2003 Na Macworld, a Apple anuncia o *browser* Safari, o *software* iLife e novos modelos PowerBook. Mais tarde, nesse mesmo mês, anuncia também novas torres de luxo. (7 de janeiro)
A Pixar lança *À Procura de Nemo*, que fatura 339,7 milhões de dólares nos EUA. O filme ganhará o Óscar de Melhor Longa-metragem de Animação. (30 de maio)
A Apple apresenta a iTunes Music Store, só para computadores Mac. (28 de abril)
Dá-se o lançamento do Power Mac G5. (24 de junho)
A loja iTunes abre-se a utilizadores de computadores Windows. (16 de outubro)

2004 SJ anuncia aos seus funcionários que tem cancro no pâncreas e que será operado para remover um tumor. De baixa médica, SJ passa as rédeas a Timothy D. Cook, diretor mundial de vendas e operações. (agosto)
No início do ano, as relações azedas de SJ com o CEO da Disney, Michael Eisner, criam o que parece ser uma rutura inultrapassável com a Pixar. SJ sonda outros estúdios, que mostram grande interesse numa parceria.
O CEO da Disney, Michael Eisner é afastado pelo conselho de adminstração, jogada orquestrada por Roy Disney, membro da administração, no âmbito da campanha «Save Disney». Eisner é substituído por Robert Iger, na altura diretor de operações, que vê na Pixar o futuro da animação da Disney. (setembro)

A Pixar lança *The Incredibles - Os Super Heróis*, que fatura 261 milhões de dólares nos Estados Unidos. O filme ganhará o Óscar de Melhor Longa-metragem de Animação. (5 de novembro)

2005 O computador Mac Mini é apresentado na Macworld Expo, em São Francisco.
A Apple desenvolve uma versão Intel do Mac OS X, preparando-se para uma mudança permanente da plataforma PowerPC para uma Plataforma Intel. Usando o novo *software* da Apple «Boot Camp», os programas Windows serão em breve executáveis no Mac.

2006 A Disney compra a Pixar por 7,4 mil milhões; SJ fica com 7% (3,5 mil milhões de dólares) da Disney, tornando-se o maior acionista individual. Torna-se igualmente membro do conselho de administração. (24 de janeiro)
A Apple lança o MacBook (16 de maio) e uma torre, o Mac Pro (07 de agosto).
A Pixar estreia o filme *Carros*, que fatura 244 milhões de dólares nos EUA. (9 de junho)
O aspeto macilento de SJ na reunião anual Apple Worldwide Developers Conference (WWDC) dá origem a especulação sobre a sua saúde e sobre os planos de sucessão da Apple. SJ anuncia o sistema operativo X 10.5 Leopard.

2007 SJ anuncia na Macworld Expo que irá reposicionar a Apple Computer Inc. apenas como Apple, Inc. (9 de janeiro)

A Apple lança o primeiro iPhone.
A Apple lança a Apple TV, na Macworld. (fevereiro)
Estreia o filme *Ratatouille*, da Pixar, que fatura 206 milhões de dólares nos EUA. Vencerá o Óscar de Melhor Longa-metragem de Animação. (29 de junho)
SJ entra para o Hall of Fame do Museu da Califórnia pela mão do governador Arnold Schwarzenegger. (5 de dezembro)

2008 Na Macworld, a Apple anuncia o MacBook Air, um portátil ultra-leve. (15 de janeiro)
A Pixar estreia *WALL▪E*, que fatura 223 milhões de dólares nos EUA. O filme ganhará o Óscar de Melhor Longa-metragem de Animação. (27 de junho)
Na WWDC, o aspeto de SJ suscita novas preocupações relativamente à sua saúde.
Mais tarde nesse mesmo mês, a Bloomberg divulga prematuramente o obituário de SJ. Num evento da Apple, SJ cita Mark Twain: «As notícias da minha morte são bastante exageradas.» (9 de setembro)

2009 Num memorando interno, SJ anuncia aos seus empregados que devido a problemas de saúde irá meter uma baixa médica de seis meses. Na sua ausência, Timothy Cook assume o lugar de CEO interino uma vez mais. (14 de janeiro)
No Hospital Universitário Metodista, em Memphis, SJ é submetido a um transplante de fígado, bem-sucedido. (abril)

A Pixar lança *Up – Altamente*, que fatura 293 milhões de dólares nos EUA. O filme ganhará dois prémios da Academia (Melhor Banda Sonora e Melhor Longa Metragem de Animação). (29 de maio)
A revista *Fortune* nomeia SJ «CEO da década».

2010 Estreia *Toy Story 3*, que fatura 415 milhões de dólares nos EUA e ganha dois Óscares (Melhor Banda Sonora e Melhor Longa-metragem de Animação). (18 de junho)
A Apple lança o iPad, dando início à era do *tablet* (3 de abril).
SJ cria um registo de doadores de órgãos. (outubro)
O *Financial Times* nomeia SJ «Personalidade do Ano».

2011 A Apple abre a Mac App Store. (6 de janeiro)
SJ põe uma baixa sem termo e, de novo, Timothy Cook fica ao leme. SJ continua envolvido nas decisões estratégicas. (17 de janeiro)
Depois de anos de negociações difíceis com o município local em Woodside, na Califórnia, SJ recebe finalmente autorização para demolir a sua mansão e construir em seu lugar uma casa de 1497 m^2 no valor de 8,45 milhões de dólares, acerca da qual o qual arquiteto Christopher Travis disse à revista *Wired*: «Sem dúvida que a planta do local mostra uma contenção pouco habitual numa pessoa tão abastada. Este tipo de coisa só acontece quando o cliente dá ao arquiteto instruções específicas para ser minimalista e utilitário.» (fevereiro)
A Apple põe o iPad 2 à venda. (11 de março)

A Pixar lança *Carros 2*, que fatura 189 milhões de dólares nos EUA (de 15 de setembro em diante). (24 de junho)

É lançado o Mac OS 10.7 Lion, que dá à linha de computadores da Apple o mesmo aspeto dos sistemas operativos do iPhone e do iPad. Só está disponível por *download* como uma aplicação da Apple e custa $29,99. (20 de julho)

Na sequência da capitalização de mercado da Apple no valor de 343 000 milhões de dólares ($371,66 por ação), a empresa ultrapassa temporariamente a Exxon como a empresa mais valiosa do mundo. (agosto)

A Apple apresenta uma nova proposta à Câmara de Cupertino para construir um novo *campus* projetado pela Foster + Partners. Alcunhadas «A Nave Espacial», devido ao seu formato redondo, as novas instalaçõe ocuparão 39,6 hectares e só estarão concluídas em 2015.

Steve Jobs, a única biografia autorizada de SJ, escrita por Walter Isaacson, antecipa a sua data de publicação de 6 de março de 2012 para 21 de novembro de 2011. (15 de agosto)

Steve Jobs renuncia ao cargo de CEO da Apple. Timothy Cook é nomeado CEO e SJ fica como presidente. (24 de agosto)

Timothy Cook, CEO da Apple, apresenta o seu primeiro evento, anunciando o iPhone 4GS. (4 de outubro)

Morre Steve Jobs. (5 de outubro)

O FIM DE UMA ERA

CARTA DE DEMISSÃO DE STEVE JOBS COMO CEO DA APPLE

24 DE AGOSTO DE 2011

Ao Conselho de Administração da Apple e à Comunidade *Apple*:

Sempre disse que se algum dia deixasse de poder cumprir os meus deveres e expectativas como CEO da Apple seria o primeiro a informá-los. Infelizmente, esse dia chegou.

Venho por este meio renunciar ao cargo de CEO. Se o Conselho aprovar, gostaria de ficar como Presidente do Conselho de Administração, funcionário e diretor da Apple.

Quanto ao meu sucessor, recomendo vivamente que executemos o nosso plano de sucessão e nomeemos Tim Cook para CEO.

Acredito que os dias mais brilhantes e inovadores da Apple ainda estão por chegar, e estou desejoso de assistir ao seu sucesso e para ele contribuir desempenhando um novo papel.

Conheci alguns dos meus melhores amigos na Apple. Agradeço-vos por todos os anos em que pude trabalhar ao vosso lado.

STEVE

REFERÊNCIAS

ADN da Apple, O

«Our DNA Hasn't Changed», CNNMoney / *Fortune*, 21 de fevereiro de 2005. < http://money.cnn.com/magazines/fortune/fortune_archive/2005/02/21/8251766/index.htm >

Alma da Nova Máquina, A

Apple Worldwide Developers Conference, Moscone Convention Center, São Francisco, Califórnia, 6-10 de junho, 2011. < http://www.youtube.com/watch?v=3lsMFzxtSZ8 >

Ansiedade antes da Estreia do iPad

Evento da Apple para o *software* do iPhone 4.0, Cupertino, Califórnia, 8 de abril de 2010.

Aplicações de Pornografia no Android, As

Evento de comunicação da Apple para o *software* do iPhone 4.0, 8 de abril de 2010, Cupertino, Califórnia.

Apresentação do Mac

Evento Especial da Apple para o Macintosh, janeiro de 1984.

Aquisição Hostil

Josh Quittner, «Apple's New Core», *Time*, 5 de fevereiro de 2003. < http://www.time.com/time/business/article/0,8599,190914,00.html >

Arriscar-se a Falhar

Brent Schlender, «The Three Faces of Steve. In this exclusive, personal conversation, Apple's CEO reflects on the turnaround, and how a wunderkind become an old pro», CNNMoney /*Fortune*, 9 de novembro de 1998. < http://money.cnn.com/magazines/fortune/fortune_archive /1998/11/09/250880/ >

Atrativos dos Produtos, Os
David Sheff, «Playboy Interview: Steven Jobs», *Playboy*, fevereiro de 1985.

Avaliação de Prioridades
Steve Lohr, «Creating Jobs: Apple's Founder Goes Home Again», *New York Times Magazine*, 12 de janeiro de 1997. < http://partners.nytimes.com/library/cyber/week/011897jobs.html?scp=1&sq=steve%20jobs%20apple's%20founder%20goes%20home%20again&st=cse >

Branding
«Se optarmos por», Jeffrey L. Cruikshank, *The Apple Way: 12 Management Lessons from the World's Most Innovative Company* (Nova Iorque: McGraw-Hill, 2006).
«Quais as grandes», Cathy Booth, David S. Jackson e Valerie Marchant, «Steve's Job: Restart Apple», *Time*, 18 de agosto de 1997. < http://www.time.com/time/magazine/article/0,9171,986849-3,00.html >

Campanha Publicitária «Think Different», A
Sonny Lim, «Transcript: The Steve Jobs Interview», uma entrevista do Channel NewsAsia realizada na Macworld Expo, em Tóquio, a 13 de Marlo de 1999. < http://www.advergence.com/newspage/1999/19990314_stevejobs.cna.shtml >

Capacidade de Reter
Leander Kahney, *Inside Steve's Brain* (Nova Iorque: Penguin Group, 2009).

Chamar a Atenção
Usado tipicamente no final de um evento da Apple.

Complicações da Vida, As
«Steve Jobs: The Guru Behind Apple», *The Independent*, 29 de outubro de 2005. < http://www.independent.co.uk/news/science/steve-jobs-the-guru-behindapple-513006.html >

Computadores
Jeff Goodell, «Steve Jobs: The Rolling Stone Interview», *Rolling Stone* n.º 684, 16 de junho de 1994. < http://www.rollingstone.com/culture/news/steve-jobs-in-1994-therolling-stone-entrevista-20110117 >

Computadores como Ferramentas
Memory & Imagination: New Pathways to the Library of Congress, realizado por Michael R. Lawrence (Baltimore, MD: Michael Lawrence Films, 1990), videocassete.

Computadores para Todos
Michael Krantz, David S. Jackson, Janice Maloney e Cathy Booth, «Apple and Pixar: Steve's Two Jobs», *Time*, 18 de outubro de 1999. < http://www.time.com/time/magazine/article/0,9171,992258-2,00.html >

Concorrência
Gerald C. Lubenow e Michael Rogers, «A Whiz Kid's Fall: How Apple Computer Dumped Its Chairman», *Newsweek*, 30 de setembro de 1985. < http://www.thedailybeast.com/newsweek/1985/09/30/jobs-talks-abouthis-rise-and-fall.html >

Consumismo
«Acabo por não comprar», «Steve Jobs: The Guru Behind Apple», *Independent*, 29 de outubro de 2005. < http://www.independent.co.uk/news/science/steve-jobs-the-guru-behindapple-513006.html >
«Passámos algum tempo», Gary Wolf, «Steve Jobs: The Next Insanely Great Thing; The Wired Interview», *Wired*, fevereiro de 1996. < http://www.wired.com/wired/archive/4.02/jobs_pr.html >

Contributo
Anthony Imbimbo, *Steve Jobs: The Brilliant Mind Behind Apple* (Pleasantville, NY: Gareth Stevens Publishing, 2009).

Convergência
Brent Schlender, «How Big Can Apple Get?», CNNMoney /*Fortune*, 21 de fevereiro de 2005. < http://money.cnn.com/magazines/fortune/fortune_archive/2005/02/21/8251769/index.htm >

***Crash* do Flash, O**
«Thoughts on Flash», declaração no *site* da Apple, abril de 2010.

Credo
«Não está feito», Andy Hertzfeld, «Credit Where Due» Folklore.org, janeiro de 1983. < http://www.folklore.org/StoryView.py?project=Macintosh&story=Credit_Where_Due.txt&topic=Retreats&sortOrder=Sort%20by%20Date&detail=high&showcomments=1 >
«A viagem é», Andy Hertzfeld, «Credit Where Due» Folklore.org, janeiro de 1983. < http://www.folklore.org/StoryView.py?project=Macintosh&story=Credit_Where_Due.txt&topic=Retreats&sortOrder=Sort%20by%20Date&detail=high&showcomments=1 >
«A organização é», Andy Reinhardt, «Steve Jobs on Apple's Resurgence: "Not a One-Man Show"», *Bloomberg Businessweek*, 12 de maio de 1998. < http://www.businessweek.com/bwdaily/dnflash/may1998/nf80512d.htm >

Criação de Produtos
Jim Goldman, «Interview Transcript: Steve Jobs», CNBC.com, 5 de setembro de 2007. < http://www.cnbc.com/id/20610975/Interview_Transcript_Steve_Jobs >

Criar Novas Ferramentas
Peter Cohen e Jason Snell, «Steve Jobs at D: All Things Digital, Live Coverage», Macworld, 30 de maio de 2007. < http://www.macworld.com/article/58128/2007/05/steveatd.html >

Criatividade e Tecnologia

Mark Millan, «How Steve Jobs' Pixar experience helped lead to Apple's iCloud», CNN Tech, 10 de junho de 2011. < http://www.cnn.com/2011/TECH/web/06/10/jobs.icloud/ >

***Curriculum Vitae* de Steve Jobs, O**

Currículo Steve Jobs, originalmente publicado em *www.me.com*. Embora já tenha sido retirado, ainda pode ser encontrados em muitos *sites*. < http://100legends.blogspot.com/2011/01/steve-jobs-resume.html >

David contra Golias

InfoWorld, 08 de março de 1982 (acedido virtualmente através do Google Books).

Desaparecimento

Cathy Booth, David S. Jackson e Valerie Marchant, «Steve's Job: Restart Apple», *Time*, 18 de agosto de 1997. < http://www.time.com/time/magazine/article/0,9171,986849-3,00.html >

Design

«No vocabulário da», «Apple's One-Dollar-a-Year Man», CNNMoney/*Fortune*, 24 de janeiro de 2000. < http://money.cnn.com/magazines/fortune/fortune_archive/2000/01/24/272277/ >
«Design é uma palavra», Gary Wolf, «Steve Jobs: The Next Insanely Great Thing; The Wired Interview», *Wired*, fevereiro de 1996. < http://www.wired.com/wired/archive/4.02/jobs_pr.html >
«Repare no *design*», John Sculley, com John A. Byrne *Odyssey: Pepsi to Apple: A Journey of Adventure, Idea, and the Future* (Nova Iorque: HarperCollins, 1987).

***Design* de Produto**

Brent Schlender e Christine Y. Chen, «Steve Jobs' Apple Gets Way Cooler...» CNNMoney/*Fortune*, 24 de janeiro de 2000. < http://money.cnn.com/magazines/fortune/fortune_archive/2000/01/24/272281/index.htm >

Design de Produtos de Consumo
Softpedia, citando trechos de uma entrevista de Steven Levy a Steve Jobs a propósito do quinto aniversário do iPod, em 4 de novembro de 2006.< http://news.softpedia.com/news/Steve-Jobs-039-s-Interview-Regarding-the-5-years-de-iPod-39397.shtml >

Despedir Funcionários
Daniel Morrow, Histórias orais e de vídeo do Instituto Smithsonian, «Entrevista com Steve Jobs», realizada na sede da NeXT Computer em 20 de abril de 1995. < http://americanhistory.si.edu/collections/comphist/sj1.html >

Deter a Experiência do Utilizador
Josh Quittner e Rebecca Winters, «Apple's New Core» *Time*, 14 de janeiro de 2002. < http://www.time.com/time/magazine/article/0,9171,1001600-6,00.html >

Diferença Essencial, A
Owen Linzmayer W., *Apple Confidential 2.0: The Definitive History of the World's Most Colorful Company* (São Francisco: No Starch Press, 2004).

Dinheiro
«A inovação não», David Kirkpatrick e Tyler Maroney, «The Second Coming of Apple Through a magical fusion of man - Steve Jobs - and company, Apple is becoming itself again: the little anticompany that could», CNNMoney/*Fortune*, 9 de novembro de 1998. < http://money.cnn.com/magazines/fortune/ fortune_archive/1998/11/09/250834/index.htm >
«Eu valia mais de», transcrição do programa de televisão *Triumph of the Nerds*, PBS, com emissão em junho de 1996. < http://www.pbs.org/nerds/part3.html >

Dizer Mal
Owen Linzmayer W., *Apple Confidential 2.0: The Definitive History of the World's Most Colorful Company* (São Francisco: No Starch Press, 2004).

Educação Ampla

Discurso na cerimónia de licenciatura na Universidade de Stanford, na Califórnia, em 12 de junho de 2005, visto 4,7 milhões de vezes no YouTube.< http://news.stanford.edu/news/2005/june15/jobs-061505.html >

Embalagem

Paul Kunkel e Rick English, *AppleDesign: The Work of the Apple Industrial Design Group* (Nova Iorque: Graphis, 1997).

Entusiasmo

Owen Linzmayer W., *Apple Confidential 2.0: The Definitive History of the World's Most Colorful Company* (São Francisco: No Starch Press, 2004).

Erros

Conferência D8, All Things Digital, Rancho Palos Verdes, na Califórnia, 1-3 de junho de 2010.

Especulação sobre o seu Estado de Saúde

Carta aberta à comunidade *Apple*, «Letter from Apple CEO Steve Jobs», no *site* da Apple, 5 de janeiro de 2009. < http://www.apple.com/pr/library/2009/01/05Letterfrom-Apple-CEO-Steve-Jobs.html >

Esquecer o Passado

Steven Levy, «25 of Mac: From Boxy Beige to Silver Sleek», *Wired* n.º 17.01, 22 de dezembro de 2008. < http://www.wired.com/tech biz/it/magazine/17-01/ff_mac >

Estratégia

Brent Schlender e Jane Furth, «Steve Jobs' amazing movie adventure ...», CNNMoney/*Fortune*, 18 de setembro de 1995. < http://money.cnn.com/magazines/fortune/fortune_archive/1995/09/18/206099/index.htm >

Excelência

Jeffrey S. Young, *Steve Jobs: The Journey is the Reward* (Nova Iorque: Livros Lynx, 1988).

Existência da Apple, A

Cathy Booth, David S. Jackson e Valerie Marchant, «Steve's Job: Restart Apple», *Time*, 18 de agosto de 1997. < http://www.time.com/time/magazine/article/0,9171,986849-3,00.html >

Experiência do Utilizador

«Our DNA Hasn't Changed», CNNMoney/*Fortune*, 21 de fevereiro de 2005. < http://money.cnn.com/magazines/fortune/fortune_archive/2005/02/21/8251766/index.htm >

Falta de Inovação da Microsoft, A

«O único problema», transcrição do programa de televisão *Triumph of the Nerds*, PBS, com emissão em junho de 1996. < http://www.pbs.org/nerds/part3.html >

«O que não me parece», Jeff Goodell, «Steve Jobs: The Rolling Stone Interview», *Rolling Stone* n.º 684, 16 de junho de 1994. < http://www.rollingstone.com/culture/news/steve-jobs-in-1994-therolling-stone-entrevista-20110117 >

Fazer Bem as Coisas

Jerry Useem, «Apple: America's best retailer», CNNMoney/*Fortune*, March 8, 2007. < http://money.cnn.com/magazines/fortune/fortune_archive/2007/03/19/8402321/ >

Fazer Declarações Ousadas

Steve Kemper, «Steve Jobs and Jeff Bezos meet "Ginger"», excerto de *Code Name Ginger*, Harvard Business School *Working Knowledge for Business Leaders*, 16 de junho de 2003. http://hbswk.hbs.edu/archive/3533.html

Fiabilidade

Usado tipicamente em eventos da Apple.

Focar-se no Produto

«Precisamos de ter», «Voice of the Innovators: The Seed of Apple's Innovation», *Bloomberg Businessweek*, 12 de outubro de 2004. <http://www.businessweek.com/bwdaily/dnflash/oct2004/nf20041012_4018_db083.htm >

«É claro que», Stephen Fry, «The iPad Launch: Can Steve Jobs Do It Again?», *Time*, 1 de abril de 2010. < http://www.time.com/time/magazine/article/0,9171,1977113-4,00.html >

Foco

Apple Worldwide Development Conference, Centro de Convenções de San Jose, na Califórnia, 13-16 de maio de 1997.

Foco da Empresa

Betsy Morris, «Steve Jobs Speaks Out», CNNMoney/*Fortune*, fevereiro de 2008. < http://money.cnn.com/galleries/2008/fortune/0803/gallery.jobsqna.fortune/3.html >

Forçar as Coisas

Lev Grossman, «How Apple Does It», *Time*, 16 de outubro de 2005. < http://www.time.com/time/magazine/article/0,9171,1118384-1,00.html >

Grande *Design* de Produto

Gary Wolf, «Steve Jobs: The Next Insanely Great Thing; The Wired Interview», *Wired*, fevereiro de 1996. < http://www.wired.com/wired/archive/4.02/jobs_pr.html >

Grandes Ideias

Transcrição do programa de televisão *Triumph of the Nerds*, PBS, emitido em junho de 1996. < http://www.pbs.org/nerds/part3.html >

Grandes Produtos

«Na realidade», David Sheff, «Playboy Interview: Steven Jobs», *Playboy*, fevereiro de 1985.

«Sabe», Gerald C. Lubenow e Michael Rogers, «Jobs Talks About His Rise and Fall», *Newsweek*, September 29, 1985. < http://www.thedailybeast.com/newsweek/1985/09/30/jobs-talks-abouthis-rise-and-fall.html >

IBM

«Bem-vinda, IBM.», anúncio da Apple no *Wall Street Journal*, 24 de agosto de 1981.
«A IBM quer», *Fortune*, 20 de fevereiro de 1984.

iCEO

Owen Linzmayer W., *Apple Confidential 2.0: The Definitive History of the World's Most Colorful Company* (São Francisco: No Starch Press, 2004).

Imaginar Produtos

Betsy Morris, «Steve Jobs Speaks Out», CNNMoney /Fortune, fevereiro de 2008. < http://money.cnn.com/galleries/2008/fortune/0803/gallery.jobsqna.fortune/2.html >

Impacto, num Discurso aos Funcionários

Michael Moritz, *Return to the Little Kingdom* (Nova Iorque: Overlook Press, 2009).

Importância da História, A

Karen Paik, *To Infinity and Beyond! The Story of Pixar Animation Studios* (São Francisco: Chronicle Books, 2007).

Importância de Ter Experiências de Vida Diversificadas, A

Gary Wolf, «Steve Jobs: The Next Insanely Great Thing; The Wired Interview», *Wired*, fevereiro de 1996. < http://www.wired.com/wired/archive/4.02/jobs_pr.html >

Inovação

«Muitas empresas decidiram», John H. Ostdick, «Steve Jobs: Master of Innovation », *Success*, junho de 2010.

«A inovação distingue», Carmine Gallo, *The Innovation Secrets of Steve Jobs: Insanely Different Principles for Breakthrough Success* (Nova Iorque: McGraw-Hill, 2011).
«Conseguiram copiar», Jeff Goodell, «Steve Jobs: The Rolling Stone Interview», *Rolling Stone* n.º 684, 16 de junho de 1994. < http://www.rollingstone.com/culture/news/steve-jobs-in-1994-therolling-stone-entrevista-20110117 >
«As pessoas que», Karen Paik, *To Infinity and Beyond! The Story of Pixar Animation Studios* (São Francisco: Chronicle Books, 2007).

Inovações do CIPA, As
Daniel Morrow, Histórias orais e de vídeo do Instituto Smithsonian, «Entrevista com Steve Jobs», realizada na sede da NeXT Computer em 20 de abril de 1995. < http://americanhistory.si.edu/collections/comphist/sj1.html >

Inovação nos Produtos
«The Steve Jobs Way: A relentless pursuit of perfection», CNN.com, 23 de abril de 2004. < http://edition.cnn.com/2004/WORLD/americas/04/16/jobs / >

Insight
«Julgo que», Daniel Morrow, Histórias orais e de vídeo do Instituto Smithsonian, «Entrevista com Steve Jobs», realizada na sede da NeXT Computer em 20 de abril de 1995. < http://americanhistory.si.edu/collections/comphist/sj1.html >
«Tínhamos experiência», Steven Levy, «Good for the Soul», *Newsweek*, 16 de outubro de 2006. < http://ashim.wordpress.com/category/inspiring/ >

Inspiração
Daniel Morrow, Histórias orais e de vídeo do Instituto Smithsonian, «Entrevista com Steve Jobs», realizada na sede da NeXT Computer em 20 de abril de 1995. < http://americanhistory.si.edu/collections/comphist/sj1.html >

Integração
Michael Krantz, «Steve Jobs at 44», *Time*, 10 de outubro de 1999. < http://www.time.com/time/magazine/article/0,9171,32207, 00.html >

Integração dos Produtos
«As coisas de que mais me orgulho ...», Daniel Morrow, Histórias orais e de vídeo do Instituto Smithsonian, «Entrevista com Steve Jobs», realizada na sede da NeXT Computer em 20 de abril de 1995. < http://americanhistory.si.edu/collections/comphist/sj1.html >
«A Apple tem um conjunto intrínseco de talentos ...», Jeff Goodell, «Steve Jobs: The Rolling Stone Interview», *Rolling Stone* nº 684, 16 de junho de 1994. < http://www.rollingstone.com/culture/news/steve-jobs-in-1994-therolling-stone-interview 20110117 >
«A Apple é a empresa de tecnologia mais criativa ...», Peter Burrows, Ronald Grover e Tom Lowry, «Show Time!», *Bloomberg Businessweek*, 2 de fevereiro de 2004. < http://www.businessweek.com/magazine/content/04_05/b3868001_mz001.htm >
«Uma empresa faz o *software*... », Lev Grossman, "How Apple Does it», *Time*, 16 de outubro de 2005. < http://www.time.com/time/magazine/article/0,9171,1118384-3, 00.html >

***Interface* Gráfica do CIPA, A**
Daniel Morrow, Histórias orais e de vídeo do Instituto Smithsonian, «Entrevista com Steve Jobs», realizada na sede da NeXT Computer em 20 de abril de 1995. < http://americanhistory.si.edu/collections/comphist/sj1.html >

iPad e a Mudança Inevitável, O
Kara Swisher e Walt Mossberg, «Apple CEO Steve Jobs at D8: The Full, Uncut Interview», Conferência D8, *All Things Digital*, Rancho Palos Verdes, CA, 1-3 de junho de 2010. < http://allthingsd.com/20100607/stevejobs-at-d8-the-full-uncut-interview/?refcat=d8 >

iPad Inspira o iPhone, O

Kara Swisher e Walt Mossberg, «Apple CEO Steve Jobs at D8: The Full, Uncut Interview», Conferência D8, *All Things Digital*, Rancho Palos Verdes, CA, 1-3 de junho de 2010. < http://all thingsd.com/20100607/stevejobs-at-d8-the-full-uncut-inter view/?refcat=d8 >

iPhone

Steven Levy, «Apple Computer Is Dead; Long Live Apple», *News-week*, 9 de janeiro de 2007. < http://www.thedailybeast.com/news week/2007/01/09/steven-levyapple-computador-is-dead-long live-apple.html >

iPod Nano

«CNBC Steve Jobs September 2006», vídeo do YouTube, 3:40, a partir do discurso da Apple no Yerba Buena Center for the Arts Theater, em São Francisco, na Califórnia, a 12 de setembro de 2006, relatado por Jim Goldman, CNBC Business News. < http://www.youtube.com/watch?v=r7wXWDrvj0M >

iPod Touch

David Pogue, «Steve Jobs na Amazon e Ice Cream», *New York Times*: Bits, 09 de setembro de 2009. http://bits.blogs.nytimes.com/2009/ 09/09/in-qa-steve-jobssnipes-at-amazon-and-praises-ice-cream/

iTunes

«Apple Special Event [Sept 12, 2006] - (06/01)» vídeo do You-Tube, 12:46, a partir do discurso em nome da Apple no Yerba Buena Center for the Arts Theater, em São Francisco, na Cali-fórnia, a 12 de setembro de 2006. As restantes cinco partes do discurso também estão disponíveis no YouTube. < http://www. youtube.com/watch? v=d2t_66RF37U >

Lealdade do Cliente

«Voices of the Innovators: The Seed of Apple's Innovation», *Blo-omberg Businessweek*, 12 de outubro de 2004. < http://www.busi

nessweek.com/bwdaily/dnflash/oct2004/nf20041012_4018_db0 83.htm >

Legado de Jobs na Apple, O

Gerald C. Lubenow e Michael Rogers, «Jobs Talks About His Rise and Fall», *Newsweek*, September 29, 1985. < http://www.the dailybeast.com/newsweek/1985/09/30/jobs-talks-abouthis-rise-and-fall.html >

Legado do Mac, O

Daniel Morrow, Histórias orais e de vídeo do Instituto Smithsonian, «Entrevista com Steve Jobs», realizada na sede da NeXT Computer em 20 de abril de 1995. < http://americanhistory. si.edu/collections/comphist/sj1.html >

Leitores de *e-book*

David Pogue, «Steve Jobs on Amazon and Ice Cream», *New York Times*: Bits, 9 de setembro de 2009. < http://bits.blogs.nyti mes.com/2009/09/09/in-qa-steve-jobssnipes-at-amazon-and-praises-ice-cream/ >

Levar um Murro no Estômago

David Sheff, «Playboy Interview: Steven Jobs», *Playboy*, fevereiro de 1985.

Linhas de Produtos Confusas

Apple Worldwide Development Conference, 1998.

Localização das Lojas

Jerry Useem, «Apple: America's best retailer», CNNMoney/*Fortune*, March 8, 2007. < http://money.cnn.com/magazines/for tune/fortune_archive/2007/03/19/8402321/ >

Mac Cube

Macworld Expo, Nova Iorque, 2000.

Mais do que Recrutar
Rama Dev Jager e Rafael Ortiz, *In the Company of Giants: Candid Conversations with the Visionaries of Cyberspace* (Nova Iorque: McGraw-Hill, 1997).

Manter a Compostura sob Pressão
Rama Dev Jager e Rafael Ortiz, *In the Company of Giants: Candid Conversations with the Visionaries of Cyberspace* (Nova Iorque: McGraw-Hill, 1997).

Marca no Universo
«Jobs vs Gates: Uma guerra de trinta anos», CNNMoney / *Fortune*, originalmente de uma entrevista no *Wall Street Journal*, 25 de maio de 1993. Z http://money.cnn.com/galleries/2008/fortune/0806/gallery.gates_v_jobs.fortune/2.html >

Marketing
John Sculley, com John A. Byrne *Odyssey: Pepsi to Apple: A Journey of Adventure, Idea, and the Future* (Nova Iorque: HarperCollins, 1987). Apple Expo Paris, entrevistas à comunicação social, 20 de setembro de 2005.

Metas
Michael Moritz, *Return to the Little Kingdom* (Nova Iorque: Overlook Press, 2009).

Microvisão da Microsoft, A
Steve Lohr, «Creating Jobs: Apple's Founder Goes Home Again», *New York Times Magazine*, 12 de janeiro de 1997. < http://partners.nytimes.com/library/cyber/week/011897jobs.html?scp=1&sq=steve%20jobs%20apple's%20founder%20goes%20home%20again&st=cse >

Morte
«É por isso que», David Sheff, «Playboy Interview: Steven Jobs», *Playboy*, fevereiro de 1985.

«As notícias da», Evento da Apple para o iPod, Yerba Buena Center for the Performing Arts, São Francisco, 9 de setembro de 2008.

Motivação

«Quer passar», John Sculley, com John A. Byrne *Odyssey: Pepsi to Apple: A Journey of Adventure, Idea, and the Future* (Nova Iorque: HarperCollins, 1987).
«É melhor», Cathy Booth, David S. Jackson e Valerie Marchant, «Steve's Job: Restart Apple», *Time*, 18 de agosto de 1997. < http://www.time.com/time/magazine/article/0,9171,986849-6,00.html >

Motivação dos Funcionários

«Atraímos um tipo», David Sheff, «Playboy Interview: Steven Jobs», *Playboy*, fevereiro de 1985.
«A força por trás»,Macworld, n.º 1, fevereiro de 1984. < http:// www.macworld.com/article/29181/2004/02/themacturns20jobs.html >
«O que acontece», David Sheff, «Playboy Interview: Steven Jobs», *Playboy*, fevereiro de 1985.

Não Descansar sobre os Louros

Brian Williams, «Steve Jobs: Iconoclast and salesman: Apple founder's newest store wows fans in Manhattan», msnbc.com, 25 de maio de 2006. < http://www.msnbc.msn.com/id/12974884/ns/nightly_news/t/steve-jobsiconoclast-salesman/#.TkwtIXMSphs >

Necessidade de Trabalho de Equipa

Daniel Morrow, Histórias orais e de vídeo do Instituto Smithsonian, «Entrevista com Steve Jobs», realizada na sede da NeXT Computer em 20 de abril de 1995. < http://americanhistory.si.edu/collections/comphist/sj1.html >

Netbooks

Evento da Apple a propósito do lançamento do iPad, Yerba Buena Center Forthe Arts, São Francisco, CA, 27 de janeiro de 2010.

Novos Produtos
Evento da Apple de lançamento para 2 iPad, Yerba Buena Center For the Arts, San Francisco, CA, 02 março de 2011.

Núcleo da Apple: os Funcionários, O
Kara Swisher e Walt Mossberg, uma entrevista com Bill Gates e Steve Jobs, Conferência D5: All Things Digital, Carlsbad, CA, 30 de maio de 2007. < http://allthingsd.com/20070531/d5-gates-jobstranscript/ >

Omnipresença do Mac
Jeff Goodell, «Steve Jobs: The Rolling Stone Interview», *Rolling Stone*, 3 de dezembro de 2003. < http://www.keystonemac.com/pdfs/Steve_Jobs_Interview.pdf >

Opção de Compra de Ações
Brent Schlender, «The Three Faces of Steve. In this exclusive, personal conversation, Apple's CEO reflects on the turnaround, and how a wunderkind become an old pro», CNNMoney /*Fortune*, 9 de novembro de 1998. < http://money.cnn.com/magazines/fortune/fortune_archive/1998/11/09/250880/ >

Oportunidades Perdidas
David Brier, «Like Life, Branding Needs Vision Too», *Fast Company*, 11 de agosto de 2009. < http://www.fastcompany.com/blog/david-brier/defying-gravity-and-risingabove-noise/life-branding-needs-vision-too >

Orgulho no Produto
Andy Hertzfeld, «Signing Party», Folklore.org, fevereiro de 1982. Das 47 assinaturas, uma destaca-se, por estar em minúsculas: a de Steve Jobs. < http://www.folklore.org/StoryView.py?project=Macintosh&story=Signing_Party.txt&topic=Apple%20Spirit&sortOrder=Sort%20by%20Date >

Paixão

«As pessoas dizem», Kara Swisher e Walt Mossberg, uma entrevista com Bill Gates e Steve Jobs, Conferência D5: All Things Digital, Carlsbad, CA, 30 de maio de 2007. < http://allthingsd.com/20070531/d5-gates-jobstranscript/ >

«Temos de descobrir», discurso na cerimónia de licenciatura na Universidade de Stanford, em 12 de junho de 2005.< http://news.stanford.edu/news/2005/june15/jobs-061505.html >

Parceria

Kara Swisher e Walt Mossberg, uma entrevista com Bill Gates e Steve Jobs, Conferência D5: All Things Digital, Carlsbad, CA, 30 de maio de 2007. < http://allthingsd.com/20070531/d5-gates-jobstranscript/ >

Partilha de Lucros, em vez de Adiantamentos

Jeff Goodell, «Steve Jobs: The Rolling Stone Interview», *Rolling Stone*, 3 de dezembro de 2003. < http://www.keystonemac.com/pdfs/Steve_Jobs_Interview.pdf >

PC como Eixo Digital, O

Josh Quittner e Rebecca Winters, «Apple's New Core» *Time*, 14 de janeiro de 2002. < http://www.time.com/time/magazine/article/0,9171,1001600-6,00.html >

Pensamento Ativo *versus* Passivo

Jason Snell, «Steve Jobs on the Mac's 20th Anniversary», Macworld, 2 de fevereiro de 2004. < http://www.macworld.com/article/29181/2004/02/themacturns20jobs.html >

Pensamento Paroquial

Bobbie Johnson, «The coolest player in town», *Guardian*, 22 de setembro de 2005. < http://www.guardian.co.uk/technology/2005/sep/22/stevejobs.guardianweeklytechnologysection >

Pensar à Frente
«Se quisermos», David Sheff, «Playboy Interview: Steven Jobs», *Playboy*, fevereiro de 1985.
«Vamos inventar», Kara Swisher e Walt Mossberg, uma entrevista com Bill Gates e Steve Jobs, Conferência D5: All Things Digital, Carlsbad, CA, 30 de maio de 2007. < http://allthingsd.com/ 20070531/d5-gates-jobstranscript/ >

Pensar os Problemas
«Uma vez enfrentado o problema ...», Paul Kunkel e Rick English, *AppleDesign: The Work of the Apple Industrial Design Group* (Nova Iorque: Graphis, 1997).
«Temos muitos clientes ...», Andy Reinhardt, «Steve Jobs: "There's Sanity Returning", *Bloomberg Businessweek*, 25 de maio de 1998. < http://www.businessweek.com/1998/21/b3579165.htm >

Perceção
Jeff Goodell, «Steve Jobs: The Rolling Stone Interview», *Rolling Stone* nº 684, 16 de junho de 1994. < http://www.rollings tone.com/culture/news/steve-jobs-in-1994-therolling-stone-interview-20110117 >

Perder Dinheiro
Owen Linzmayer W., *Apple Confidential 2.0: The Definitive History of the World's Most Colorful Company* (São Francisco: No Starch Press, 2004).

Perder Quota de Mercado
«Voices of the Innovators: The Seed of Apple's Innovation», *Bloomberg Businessweek*, 12 de outubro de 2004. < http://www.businessweek.com/bwdaily/dnflash/oct2004/nf20041012_4018_db0 83.htm >

Perigo da Estagnação, O
Owen Linzmayer W., *Apple Confidential 2.0: The Definitive History of the World's Most Colorful Company* (São Francisco: No Starch Press, 2004).

Perseverança

Daniel Morrow, Histórias orais e de vídeo do Instituto Smithsonian, «Entrevista com Steve Jobs», realizada na sede da NeXT Computerem 20 de abril de 1995. < http://americanhistory.si.edu/collections/comphist/sj1.html >

Pessoas da Pixar, As

Brent Schlender, «The Three Faces of Steve. In this exclusive, personal conversation, Apple's CEO reflects on the turnaround, and how a wunderkind become an old pro», CNNMoney /*Fortune*, 9 de novembro de 1998. < http://money.cnn.com/magazines/fortune/fortune_archive/1998/11/09/250880/ >

Pixar

«A Pixar tem», Daniel Morrow, Histórias orais e de vídeo do Instituto Smithsonian, «Entrevista com Steve Jobs», realizada na sede da NeXT Computer em 20 de abril de 1995. < http://americanhistory.si.edu/collections/comphist/sj1.html >
«Acreditamos que», Brent Schlender e Jane Furth, «Steve Jobs' amazing movie adventure: Disney is betting on computerdom's ex-boy wonder to deliver this year's animated Christmas blockbuster. Can he do for Hollywood what he did for Silicon Valley?», CNNMoney/*Fortune*, 18 de setembro de 1995. < http://money.cnn.com/magazines/fortune/fortune_archive/1995/09/18/206099/index.htm >

Potencial dos Funcionários

Betsy Morris, «Steve Jobs Speaks Out», CNNMoney /*Fortune*, fevereiro de 2008.< http://money.cnn.com/galleries/2008/fortune/0803/gallery.jobsqna.fortune/5.html >

Prazos

«Nem pensar», Andy Hertzfeld, «Real Artists Ship» Folklore.org, janeiro de 1984. < http://www.folklore.org/StoryView.py?story=Real_Artists_Ship.txt >

«Os verdadeiros», Andy Hertzfeld, «Real Artists Ship» Folklore.org, janeiro de 1984. < http://www.folklore.org/StoryView.py?story=Real_Artists_Ship.txt >

Processo
«Voices of the Innovators: The Seed of Apple's Innovation», *Bloomberg Businessweek*, 12 de outubro de 2004. < http://www.businessweek.com/bwdaily/dnflash/oct2004/nf20041012_4018_db083.htm >

Produtos
Peter Burrows, Ronald Grover e Heather Green, «Steve Jobs' Magic Kingdom: How Apple's demanding visionary will shake up Disney and the world of entertainment», *Bloomberg Businessweek*, 6 de fevereiro de 2006. < http://www.businessweek.com/magazine/content/06_06/b3970001.htm >

Qualidade
«Queríamos simplesmente ...», David Sheff, «Playboy Interview: Steven Jobs», *Playboy*, fevereiro de 1985.
«A qualidade é mais ...», Peter Burrows, Ronald Grover e Heather Green, «Steve Jobs' Magic Kingdom: How Apple's demanding visionary will shake up Disney and the world of entertainment», *Bloomberg Businessweek*, 6 de fevereiro de 2006. < http:// www.businessweek.com/magazine/content/06_06/b3970001.htm >

Queixas do Cliente
Carta aberta «A todos os utilizadores do iPhone» no *site* da Apple, setembro de 2007. < http://www.apple.com/hotnews/openiphoneletter/ >

Repetir o Sucesso
Karen Paik, *To Infinity and Beyond! The Story of Pixar Animation Studios* (São Francisco: Chronicle Books, 2007).

Roubo na Internet e Motivação
«Nós dissemos», Jeff Goodell, «Steve Jobs: The Rolling Stone Interview», *Rolling Stone* n.º 684, 16 de junho de 1994. < http://www.rollingstone.com/culture/news/steve-jobs-in-1994-the-rolling-stone-interview-20110117 >
«Nenhuma dessa», Jeff Goodell, «Steve Jobs: The Rolling Stone Interview», *Rolling Stone* n.º 684, 16 de junho de 1994. < http://www.rollingstone.com/culture/news/steve-jobs-in-1994-the-rolling-stone-interview-20110117 >

Sabedoria
«The Classroom of the Future», *Newsweek*, 28 de outubro de 2001. < http://www.thedailybeast.com/newsweek/2001/10/28/the classroom-of-the-future.html >

Salário Anual de $1 de Steve Jobs, O
Katie Marsal, «Jobs: "I make fifty cents just for showing up"», *Apple Insider*, 10 de maio de 2007. < http://www.appleinsider.com/articles/07/05/10/jobs_i_make_fifty_cents_just_for_sho wing_up.html >

Saúde, Tirar Baixa por Motivos de
Circular da Apple aos seus funcionários, 14 de janeiro de 2009

Secretismo quanto aos Produtos
Jake Tapper, «Interview with Apple CEO Steve Jobs », ABC-News.com transcrição podcast, 29 de junho de 2005. < http://abc news.go.com/Technology/story?id=892335&page=2 >

Sequelas dos Filmes de Animação da Disney, As
Associated Press, «As Pixar posts record earnings, ex-partner slammed», msnbc.com, de uma teleconferência da Apple em 2004. < http://www.msnbc.msn.com/id/4176887/ns/business-personal_finance/t/jobsblasts-disney-failed-movie-deal/#.Tkqt_HMSphs >

Ser o Melhor
Evento da Apple para o *software* do iPhone 4.0, Cupertino, CA, 8 de abril de 2010.

Ser ou Não Ser
Discurso na cerimónia de licenciatura na Universidade de Stanford, em 12 de junho de 2005.< http://news.stanford.edu/news/2005/june15/jobs-061505.html >

Simplicidade
«À medida que as tecnologias ...», Rob Walker, «The Guts of a New Machine», *New York Times Magazine*, 30 de novembro de 2003. < http://www.nytimes.com/2003/11/30/magazine/30IPOD.html?pagewanted=all >
«Se pudéssemos criar ...», discurso nos Seybold Seminars, Nova Iorque, março de 1998.
«Há um ADN muito forte ...», Bobbie Johnson, «The coolest player in town», *Guardian*, 22 de setembro de 2005. < http://www.guardian.co.uk/technology/2005/sep/22/stevejobs.guardianweeklytechnologysection >
«Se sairmos à rua e ...», Sonny Lim, " The Steve Jobs Interview», Macworld Expo, Tóquio, 13 de março de 1999. < http://www.advergence.com/newspage/1999/19990314_stevejobs.cna.shtml >
«Analisámos o plano. ..», discurso, Macworld Expo, 6 de janeiro de 1998.
«Os dispositivos móveis são ...», Jefferson Graham, «Q&A: Apple's Steve Jobs and AT&T's Randall Stephenson», *USA Today*: Technology, 28 de julho de 2007.

Slogan: iPod de Primeira Geração
Anúncio da Apple, 31 de outubro de 2001.

Sobrevivência
Josh Quittner, «Apple's New Core», *Time*, 5 de fevereiro de 2003. < http://www.time.com/time/business/article/0,8599,190914,00.html >

Software

«O Bill ...», Kara Swisher e Walt Mossberg, uma entrevista com Bill Gates e Steve Jobs, Conferência D5: All Things Digital, Carlsbad, CA, 30 de maio de 2007. < http://allthingsd.com/20070531/d5-gates-jobstranscript/ >

«É realmente interessante ...», Kara Swisher e Walt Mossberg, uma entrevista com Bill Gates e Steve Jobs, Conferência D5: All Things Digital, Carlsbad, CA, 30 de maio de 2007. < http://allthingsd.com/20070531/d5-gates-jobstranscript/ >

«Faz com que a sua câmara ...», discurso na Macworld, Moscone Convention Center, São Francisco, Califórnia, 9 de janeiro de 2001.

Sucesso

Karen Paik, *To Infinity and Beyond! The Story of Pixar Animation Studios* (São Francisco: Chronicle Books, 2007).

Talentos interdisciplinares

Michael Krantz, «Steve Jobs at 44»", *Time*, 10 de outubro de 1999. < http://www.time.com/time/magazine/article/0,9171,32207,00.html >

Tecnologia em Perspetiva, A

Charles Arthur, «Steve Jobs: The Guru Behind Apple», *Independent*, 29 de outubro de 2005. < http://www.independent.co.uk/news/science/steve-jobs-the-guru-behindapple-513006.html >

Tomada de Decisões

Karen Paik, *To Infinity and Beyond! The Story of Pixar Animation Studios* (São Francisco: Chronicle Books, 2007).

Toy Story 2

Karen Paik, *To Infinity and Beyond! The Story of Pixar Animation Studios* (São Francisco: Chronicle Books, 2007).

Trabalhar Arduamente e Envelhecer

Michael Krantz, «Steve Jobs at 44»”, *Time*, 10 de outubro de 1999. < http://www.time.com/time/magazine/article/0,9171,32207,00.html >

Trabalho Árduo

Brent Schlender, «The Three Faces of Steve ...», CNNMoney /*Fortune*, 9 de novembro de 1998. < http://money.cnn.com/magazines/fortune/fortune_archive/1998/11/09/250880/ >

Trabalho de Equipa

«Steve Jobs», videoclipe, 1:11, a partir de uma entrevista no programa *60 Minutes*, 4 de março de 2009. < http://www.cbsnews.com.br/video//watch? id=4835857n >

Valores

Michael Moritz, *Return to the Little Kingdom* (Nova Iorque: Overlook Press, 2009).

Valores Equivocados

David Sheff, «Playboy Interview: Steven Jobs», *Playboy*, fevereiro de 1985.

Vender Ações da Apple

Cathy Booth, David S. Jackson e Valerie Marchant, «Steve's Job: Restart Apple», *Time*, 18 de agosto de 1997. < http://www.time.com/time/magazine/article/0,9171,986849-3,00.html >

Visão

«Arriscamos com a nossa visão ...», evento de apresentação do primeiro computador Macintosh, 24 de janeiro de 1984.
«Estou sempre atento... », Brent Schlender e Christine Y. Chen, «Steve Jobs' Apple Gets Way Cooler...» CNNMoney/*Fortune*, 24 de janeiro de 2000. < http://money.cnn.com/magazines/fortune/fortune_archive/2000/01/24/272281/index.htm >

Visão Comum

Daniel Morrow, Histórias orais e de vídeo do Instituto Smithsonian, «Entrevista com Steve Jobs», realizada na sede da NeXT Computer em 20 de abril de 1995. < http://americanhistory.si.edu/collections/comphist/sj1.html >

Zen

Discurso na cerimónia de licenciatura na Universidade de Stanford, em 12 de junho de 2005. < http://news.stanford.edu/news/2005/june15/jobs-061505.html > O pensamento de Shunryu Suzuki foi retirado de *Zen Mind, Beginner's Mind* (Boston: Shambhala Publications, 2006).

SOBRE O AUTOR

George Beahm já publicou mais de trinta livros sobre diversos assuntos, incluindo obras sobre gestão e cultura popular. Vive no Sudoeste da Virgínia.

Beham é um antigo oficial do Exército dos Estados Unidos, da arma de artilharia, e serviu na Guarda Nacional e nas Reservas do Exército.

O seu *website* é www.georgebeahm.com.